国家社会科学基金重大项目"生态文明建设背景下自然资源治理体系构建：全价值评估与多中心途径"（项目编号：15ZDA052）、中国博士后科学基金面上项目"集体行动视角下农户参与流域生态治理行为研究"（项目编号：2016M602749）。

中国"三农"问题前沿丛书

渭河流域粮食作物虚拟水贸易

基于非市场价值的视角

VIRTUAL WATER TRADE OF CROPS
IN THE WEI RIVER BASIN

Based on the View of Non-market Value

史恒通　赵敏娟　著

社会科学文献出版社
SOCIAL SCIENCES ACADEMIC PRESS (CHINA)

目 录
CONTENTS

第一章

导　论

一　研究背景

　　水资源作为人类生存发展与生活活动的重要物质基础，对生产的发展和社会的进步起到了至关重要的作用，尤其是在我国的农业生产中发挥着不可替代的资源依赖作用。根据《中国环境统计年鉴》数据统计，2012 年我国农业用水量达到了 3902.5 亿立方米，占到全国用水总量的 63.65%，而生态环境补水用量仅为108.3 亿立方米，占全国用水总量的 1.77%。在发展的过程中，一方面，人类对水资源数量和质量的要求越来越高，但自然界能够为人类提供的可利用的水资源是有限的；另一方面，水资源时空分布的不均匀性加剧了水资源供需矛盾的尖锐性。因此，世界上大部分国家和地区都面临着水资源应该如何优化配置和有效利用的难题，即通过对水资源的合理分配和利用，使其既能够满足社会和经济发展的需要，又能够满足生态环境对水资源的需求。

（一）粮食作物虚拟水贸易概况

　　已有研究中，为了解决水资源短缺和合理有效配置水资源的问题，各国学者尝试着从不同的视角去寻求有效的解决途径。1993 年，英国的 Allan 教授创新性地提出了"虚拟水"的概念，表征产品和服务在生产过程中消耗的水资源量，它以"无形"的形式寄存在商品或服务中。因此，虚拟水也被称作"嵌入水"或"外生水"。虚拟水贸易则是指贫水国家（地区）通过进口丰水国家（地区）的水密集型产品（如粮食作物）来保证本国（地区）水资源安全的一种商品战略。例如，1 千克小麦的贸易相当于 1—2 吨虚拟水的贸易，1 千克牛肉的贸易相当于背后的 16 吨虚拟水的贸易（Rinaudo et al.，1997）。虚拟水贸易概念的提出，为水资源匮乏的国家和地区提供了一个全新的视角来解决水资源短缺和有效配置的问题，也为后人在水资源管理和粮食安全之间的研究奠定了基础。随着环境问题和粮食安全问题的区域化、全球化的不断加深，贸易与环境已经成为一个新兴的交叉研究领域。研究粮食作物区域贸易与水资源配置问题，对于提升我国国内水资源配置效率具有重要价值。

　　粮食既是公众生活消费的必需品，又是一个国家经济发展和社会稳定的前提保证。国家统计局统计数据显示，2015 年我国粮食总产量达到了 62143.5 万吨（12428.7 亿斤），比 2014 年增加了 1440.8 万吨（288.2 亿斤），增长了 2.4%，我国粮食产量实现了"十二连增"。粮食产量持续地增加在一定程度上保证了我国的粮食自给率，但也在一定程度上付出了生态成本的代价。粮食生产是一个对农业自然资源高度依赖的过程，尤其是对水资源的依赖性较强，是其他资源无法替代的。因此，粮食作物的贸易也是水资源的贸易，是水资源在地区之间的流动。因此，不同的国家（地区）应该针对本地的水资源禀赋条件的不同，制定相应的粮食作物虚拟水贸易政策，以在确保粮食安全的基础上，实现国家（地区）水资源的优化配置。

（二）水资源非市场价值概述

从价值量的角度来考虑，水资源既是自然资源的综合体，也是人类社会、经济、文化的载体，在航运、饮用水供应、农业灌溉、渔业、生物多样性保护和户外休闲等方面具有巨大的潜力（姜鲁光等，2006）。生态系统服务是指人类直接或者间接地从生态系统的功能当中获得的各种收益（Costanza et al.，1997）。根据生态系统与生物多样性经济学（TEEB，2010），可以将水生态系统服务分为以下四个方面的内容。

（1）水生态系统产品服务。水生态系统能为人类提供生活和生产的原材料及能量，这包括提供生活的饮用水源和工农业生产的水源、水中可供食用的鱼类等食物、具有药用价值的资源等。

（2）水生态系统调节服务。水生态系统能够调节区域气候和空气质量、涵养水源、防止水土流失、控制极端灾害事件和疾病的发生等。

（3）水生态系统支持服务。水生态系统能够为野生动植物提供生存的栖息地，并维持生态系统的生物多样性。

（4）水生态系统文化服务。水生态系统能够为人类带来精神上的愉悦和心理的享受，这包括旅游和娱乐资源的开发以及人类对其精神上的体验和存在的满足感。

综合以上水生态系统服务的各个方面可以发现，水资源具有多重功能属性（自然属性、环境属性、生态属性、社会属性和经济属性）。其中，部分功能属性具有很强的外部性，在纯粹的市场作用力下，这些属性不能或者很难进入政策制定者的视野，进而忽略水资源部分属性功能的分析，这必将扭曲水资源的真实价值，并可能严重误导政策的制定。因此，正确评估水资源及其生态系统服务的非市场价值，将其存在的正外部性内部化，探求水资源危机的成因及其应对策略，是水资源持续利用，以及社会、经济、生态可持续发展的关键。

以往有关粮食作物虚拟水贸易的研究只是运用各种方法对国家、省市、流域、企业等不同尺度的虚拟水贸易量进行测算，而忽略了虚拟水贸易的价值量的测算。尤其是虚拟水贸易的非市场价值测算，对水资源管理政策和粮食安全政策的制定和完善具有更进一步的指导和借鉴意义。虚拟水贸易市场价值和非市场价值的对比，理论上是对要素禀赋理论和比较优势理论的进一步解释和补充完善，实践中会使得国家或区域更合理地实现水资源在生产用水和生态用水之间的合理配置。

（三）陕西省渭河流域概况

渭河，发源于甘肃省定西市鸟鼠山，横跨甘肃东部、宁夏中南部和陕西中部，在陕西省渭南市潼关县汇入黄河，全长818公里，流域总面积13.47万平方公里，是黄河最大的支流。渭河干流陕西省部分长502.4公里，流域面积6.71万平方公里，占黄河流域在陕西省内总面积的50%。渭河干流经天水市流出甘肃省，与陕西省宝鸡相接，先后经宝鸡、咸阳、西安、铜川、渭南等地区，最后在潼关的港口汇入黄河。渭河流域地处干旱半干旱地区，具有典型的大陆性季风气候，冬季寒冷干燥多西北风，夏季炎热湿润多东南风。流域年内温差较大，冬夏极端气温相差较大；降水分布不均匀，冬季降水少，夏季降水多，且年际相差较大；年均气温和降水均呈现由东向西依次递减的趋势。流域内灾害性天气主要包括低温、霜冻、冰雹、暴雨、洪水、干旱等，其中旱灾危害为甚。就地貌而言流域从北向南依次为黄土高原地区、关中盆地地区、秦岭北麓山地地区，相对应的植被分别是草原植被、温带暖温带落叶阔叶林地带、秦岭北麓山地植被，具有明显的垂直分布特征。

渭河流域自然地理条件优越，是我国传统农业生产区域，也是土地规划中"七区二十三带"划定的农业主产区之一（杨贵羽、王浩，2015）。陕西省渭河流域部分总土地面积5558.7千公顷，耕地面积2062.3千公顷，林地面积1850.5千公顷，牧草地面积256.1千公顷，园地面积107.9千公顷，居民生活作业占地376.0千公顷。2014年，陕西省渭河流域农业增加值为694.14亿元，同比增长5.1%，流域内农作物主要包括小麦、玉米等粮食作物和蔬菜、水果等经济作物。农作物总播种面积2163.11千公顷，其中粮食播种面积1667.8千公顷，总产量达到735.40万吨，单位面积产量为4644公斤/公顷。[①]

从流域水资源情况来看，渭河中下游径流地域的变化趋势呈现为南部小北部大，渭河南岸秦岭山地年径流大且年际变化小，北岸黄土高原径流小且年际变化大。径流季节性变化明显，干流秋季占全年的38%—40%，其次依次为夏季、春季、冬季。流域地处干旱半干旱地区，尤其随着经济的发展，对水资源的开发利用强度不断增大，渭河流域缺水情况比较严重（李泓辉，2008）。主要表现为：①自1995年以来，渭河整体水量持续减少，泥沙沉积严重，河床不断升高，下游地区部分河床高出地面，一方面导致径流减少，另一方面河床抵御洪水的能力下降，目前仅能抵御十年一遇的洪水；②工农业生产规模不断扩张，过量采集地下水，导致地下水位大幅下降，出现

---

① 数据来源于《陕西省统计年鉴》（2015），经作者整理所得。

地面沉降、土地裂缝等地质问题；③由于水资源供需冲突，用水高峰季节出现河道径流减小、井水水位骤降等现象，城乡居民生活和工业生产与农业生产争夺水资源，最终造成河道干枯，生态平衡破坏（王雁林等，2004）。

从以上关于流域的粮食生产情况和流域水资源情况来看，陕西省渭河流域的农业生产（尤其是粮食作物的生产）需要消耗大量的水资源，同时，流域面临严重的水资源短缺和水生态环境恶化问题。因此，如何高效地利用流域的水资源，并对流域水资源进行合理的配置成为陕西省渭河流域经济可持续发展和流域生态环境改善的关键。基于以上关于虚拟水贸易和水资源非市场价值的背景介绍，本书将水资源非市场价值理论和虚拟水贸易理论有机结合，以陕西省渭河流域粮食作物为例，在测算粮食作物虚拟水贸易足迹的基础上，进一步测算粮食作物虚拟水贸易足迹的市场价值和非市场价值，并研究粮食作物虚拟水贸易足迹非市场价值的影响因素。研究结果对流域水资源配置政策制定、粮食安全政策完善以及水资源价格修订具有理论价值和政策指导意义。

二　研究目的和意义

（一）研究目的

本研究以粮食作物虚拟水贸易为研究对象，在自然资源要素禀赋约束下，遵循比较优势理论，在测算渭河流域粮食作物虚拟水贸易足迹大小的基础上，探究粮食作物虚拟水贸易足迹的非市场价值，并实证研究粮食作物虚拟水贸易足迹非市场价值的影响因素。具体研究目的包括以下四方面。

（1）将粮食作物虚拟水贸易的原理与要素禀赋理论以及比较优势理论相结合，分析流域粮食作物虚拟水贸易战略实施的理论依据，并将基于效用最大化的水资源价值评估理论与原有的粮食作物虚拟水贸易理论有机结合，建立纳入非市场价值的粮食作物虚拟水贸易足迹理论体系，为进一步展开相关的实证分析奠定基础。

（2）将水资源非市场价值评估与虚拟水贸易理论相结合，在测算陕西省渭河流域粮食作物虚拟水贸易足迹大小的基础上，对水资源生态功能属性进行分析，建立价值评估指标体系，从社会、经济、生态等方面揭示水资源的非市场价值。进一步对比分析渭河流域粮食作物虚拟水贸易足迹的市场价值和非市场价值，为流域水资源优化配置和粮食安全政策制定提供依据。

（3）在理论分析和文献回顾的基础上，从粮食作物虚拟水贸易足迹和水资源非市场价值两个方面实证研究粮食作物虚拟水贸易足迹非市场价值的影响因素，寻求影响流域粮食作物虚拟水贸易非市场价值的内在机理，为进一步优化流域虚拟水贸易政策和水资源配置政策提供实证依据。

（4）根据实证分析的研究结果，以渭河流域水资源优化配置为目标，从粮食作物虚拟水贸易以及流域水资源非市场价值层面提出改进渭河流域水资源配置效率，提高流域水资源管理能力的对策建议。

（二）研究意义

研究纳入非市场价值的粮食作物虚拟水贸易足迹问题具有以下几点重要的理论和现实意义。

（1）在理论层面，通过粮食作物虚拟水贸易足迹的测算，在理论上对要素禀赋理论和比较优势理论进行了检验。同时，将水资源的非市场价值纳入流域粮食作物的虚拟水贸易研究更是对要素禀赋理论和比较优势理论的进一步解释和补充完善。

（2）在政策制定层面，流域粮食作物虚拟水贸易足迹的研究能够为水资源管理提供新的视角，对流域水资源配置格局做出新的调整，进一步制定基于水密集型产品贸易模式的水资源管理战略，使得流域水资源得到更高的利用。同时，以粮食作物为例研究虚拟水贸易足迹的非市场价值及其影响因素，对流域粮食安全政策的完善和流域农业水价的修正具有指导意义。

（3）在实证研究层面，设计渭河流域水资源价值评估指标体系，对西部地区其他类似流域乃至全国的流域水资源价值评估都具有重要的借鉴意义。本研究对渭河流域生态系统服务的价值评估采用的是选择实验法（Choice Experiment，CE）。该方法要求在前期工作中进行生态服务功能属性及其状态的选择，即通过预调研，确定研究对象的关键环境属性和状态值，再通过实验正交设计的方法确定呈现给参与者的选择替代情景及其组合（选择集）。价值评估指标体系的确立，能够更加科学地评估流域生态系统的生态服务价值，并对其他流域的价值评估具有借鉴意义。

三　国内外研究动态述评

虚拟水贸易足迹研究是在全球水资源稀缺的前提背景下，国内外学者针对解决水资源优化配置和管理而提出的一个概念。目前，关于虚拟水贸易的研究主要集中于探讨如何定量测算虚拟水贸易的量，进而为不同尺度的水资源管理单位（国家、省市或流域）完善水资源管理政策提供决策支持。资源环境的非市场价值评估研究起源于 20 世纪 80 年代，经历了 30 多年的研究历程，学者们从价值评估的内涵以及价值评估的技术和方法上进行了大量的探索。目前，该研究领域已发展成为具有完善理论基础和多种方法支撑的知识体系，并且受到了众多学者和政策制定者的关注。以下将从虚拟水贸易足迹和生态系统服务价值评估两个方面回顾前人的研究，并在此基础上对国内外研究的动态进行评价。

（一）虚拟水贸易研究

国内外有关水资源优化配置和水资源安全问题的研究颇多，但大多数都是从一个国家（地区）内部进行探讨，对于水资源空间上分配不均匀的困境，却没有得到很好的解决办法。部分学者建议从水利工程和技术进步等实体水调度的视角来解决此类问题，但实体水调度往往存在很大的生态问题和较高成本的约束。1993 年，Allan 首先提出了虚拟水的概念，从商品和服务（特别是水密集型产品）贸易的视角来间接配置水资源在空间上的流动，为水资源优化配置和水安全问题研究提供了新的视角（Allan，1993）。此后，学界便展开了虚拟水贸易的研究。

从研究的尺度来看，国外有关虚拟水贸易的研究从国家、区域到流域均有涉及。Alaa（2010）以埃及为研究区域，指出虚拟水贸易缓解了该国家的水资源短缺问题，同时也提高了埃及作为水密集型产品进口国的外贸依存度；Mubako（2011）测算了美国各州之间的虚拟水贸易流动情况，并得出结论，即美国各州之间虚拟水贸易缓解了各州之间水资源分布不均匀的环境压力，在一定程度上保证了美国的水生态安全；Zeitoun 等（2010）基于 1998—2004 年商品贸易的数据，分析了尼罗河流域虚拟水贸易对该地区水资源数量的影响，并进一步对缓解水资源短缺压力的政策进行了分析。2003 年，程国栋首先将虚拟水的研究引入我国，并提出虚拟水战略是解决我国水资源安全问题的新思路（程国栋，2003）。此后，国内学者探索了大量关于虚拟水贸易在不同尺度上的实证研究（赵旭等，2009；马超等，2011；潘文俊等，2012；孙艳芝等，2015）。

从研究的内容来看，国内外有关虚拟水贸易的研究主要包括以下几个方面：虚拟水贸易理论的探索、虚拟水贸易中虚拟水含量的测算以及虚拟水贸易跟粮食安全关系的探讨。在虚拟水贸易理论探索的研究中，国内外学者一致认为，李嘉图的比较优势理论以及赫克希尔 - 俄林的要素禀赋理论是虚拟水贸易研究的根源，即两种基础理论是水资源禀赋不足的国家（地区）通过进口水资源禀赋富裕的国家（地区）的水密集型产品来解决本国水资源短缺问题的基础理论支撑，虚拟水贸易理论正是这两种理论的扩展和应用（Wichelns，2004；田贵良，2008）。也有部分学者认为资源替代理论和 Ohlsson（1999）提出的社会调试能力理论是在比较优势理论和要素禀赋理论基础上，对虚拟水贸易理论的补充和完善（刘冠飞，2009；李洪香，2010）。在虚拟水含量测算研究中，目前测算虚拟水含量的方法主要有三种：第一种是基于 Chapagain 和 Hoekstra（2003）提出的产品生产树的方法；第二种是基于 Zimmer 和 Renault（2003）提出的基于农产品、畜产品和工业产品等不同产品类型分类计算的方法；第三种是基于投入产出的方法对虚拟水含量进行测算（Lenzen，2009）。目前，国内外已针对虚拟水贸易量测算采用不同的方法，对不同地区和产品进行了大量的实证研究（Singh et al.，2004；Mekonnen and Hoekstra，2012；Zhang C. and Anadon L. D.，2014；程中海，2013；谭圣林等，2014）。在虚拟水贸易跟粮食安全关系的探讨研究中，国内外学者从不同尺度上研究了谷物贸易对不同国家（地区）水资源安全的影响（Wichelns，2001；孙才志等，2010），并指出虚拟水贸易可以促进区域农业水资源优化（Velázquez，2007；徐中民等，2003）、保障区域水量的平衡（Zeitoun，2010；尚海洋、张志强，2011）。随着全球气候变暖，我国很多学者也开始关注气候变化对国家（地区）水生态安全和粮食安全的挑战（夏军等，2012；柳文华等，2005）。

国内学者在虚拟水贸易定性分析和定量测算的基础上，还比较关心虚拟水贸易影响因素的分析。刘红梅等（2008）从定性分析角度出发，首次从政治、经济、社会、生态四个维度，讨论了虚拟水贸易的影响因素，并认为可以针对这四个维度，改善相应的贸易环境，从而实现干旱地区缓解水资源短缺的目的；黎东升等（2010）以农产品虚拟水贸易为例，采用层次分析法对影响其虚拟水贸易的影响因素进行了分析，实现了虚拟水贸易影响因素从定性分析到定量分析的跨越；马超等（2012）分析了自然、经济、生态、技术和政策等六个维度对农产品虚拟水贸易的影响，并用32个典型国家的横截面数据，采用多元逐步回归的方法，对部分影响因素进行了实证检验。

（二）生态系统服务价值评估研究

关于生态系统服务价值评估的早期研究是从 Costanza 等人基于能量的测算研究开始的（Costanza and Neill，1981）。随后，大量的研究专注于生态系统服务的价值分类理论基础（McNeely et al.，1990；Turner et al.，1991；UNEP，1993；Pearce et al.，1994）。这些研究都是从经济学和生态学的角度出发，对生态系统服务的价值逐一进行核算，为后人在不同尺度范围内评估生态系统服务价值奠定了基础。之后，我国学者借助 Costanza 等（1997）关于生态系统服务价值评估的方法对草地、高原、农田等生态系统服务价值进行了量化评估（闵庆文等，2004；鲁春霞等，2004；孙新章等，2007）。

另一些经济学家尝试用代理市场的方法来对环境物品进行价值评估。其中最早使用的就是揭示偏好法（Revealed Preference Approach，RPA），RPA 通过考察人们与市场相关的行为，特别是在与环境联系紧密的市场中所支付的价格或他们获得的利益，间接推断出人们对环境的偏好，以此来估算环境质量变化的经济价值。根据评估内容的不同，RPA 主要有两类，即享乐价格法（Hedonic Price Method，HPM）和旅行费用法（Travel Cost Method，TCM）。其中，HPM 主要考虑房产市场中人们愿意为更好的环境进行付费（Pearson et al.，2002；Latinopoulos et al.，2004；Netusil et al.，2009；谷一桢、郭睿，2008）；TCM 主要测算人们对旅游景区的风景享受和休闲娱乐功能的价值（Douglas and Johnson，2004；Lee et al.，2013；谢贤政、马中，2006；肖建红等，2011）。

无论是直接的市场价值法还是 RPA，都是对生态系统服务的使用价值或某一单方面价值进行评估。随着各国学者对生态系统服务全价值（包括使用价值和非使用价值）评估的探索，陈述偏好法（Stated Preference Approach，SPA）进入了人们的视野。SPA 通过构造一个假想的市场来调查受访者对生态系统服务改善的偏好，进而得到生态系统服务的全价值，主要包括条件价值评估法（Contingent Valuation Method，CVM）和选择实验法（Choice Experiment，CE）两种方法。其中 CVM 最早是由 Davis（1963）提出的，随后在环境质量改善、景观和旅游资源开发以及生物多样性保护等方面的价值评估得到了大量应用（Jakobsson and Dragun，1996；薛达元，2000；张志强等，2004；Yang et al.，2008；史恒通、赵敏娟，2015a）。与 CVM 相比，CE 能够较好地解决生态系统服务的多重生态属性之间的损益比较问题，揭示出公众对生态系统服务各生态功能属性的偏好（Alpizar et al.，2003）。另外，CE 的研究结果还可以通过效益转移法（Benefit Transfer，BT）应用于其他类似的环境物品的非市场价值评估之中（Johnston，2007）。由于存在以上优点，近年来 CE 在国外非市场价值评估方面得到了广泛的应用（Hanley et al.，2006；Brouwer et al.，2010）。国内关于 CE 的实证研究是近几年才开始的，且主要集中在耕地资源和旅游资源的保护与开发利用等方面（金建君、江冲，2011；王尔大等，2015；李京梅等，2015）。这些研究在模型设定中默认了样本的独立同分布假设（Independently and Identically Distributed，IID），采用多项式 Logit 模型（Multinomial Logit，MNL）对样本进行回归，忽略了公众对各属性的偏好异质性问题。针对此问题，谭永忠等（2012），Zhao et al.（2013），史恒通、赵敏娟（2015b）采用 Mixed Logit 模型对不同的环境物品支付意愿进行测量，提高了模型的准确度和计量结果的可靠性。

针对生态系统服务价值评估，国际上开展了一系列的合作计划，如千年生态系统评估（Millennium Ecosystem Assessment，MA）是 2001 年 6 月由联合国秘书长安南宣布启动的一项合作计划，来自 100 多个国家的著名学者参与了 MA 的工作，中国科学院地理与资源研究所的几名学者参与了评估报告的编写（MA，2005）。在 MA 工作的基础上，2007 年 5 月，在波茨坦 G8 环境部长会议上提出，并由联合国环境规划署（UNEP）主导了一项倡议计划——生态系统和生物多样性经济学（The Economics of Ecosystems and Biodiversity，TEEB）。

TEEB 强调重新认识自然资产的价值，将包括森林、草原、湿地以及其他自然生态系统为人类福利提供的生态服务与产品定价，运用经济学方法支持生态系统和生物多样性保护；旨在为政策制定者、地方政府和私营部门的管理者提供决策指导，以缓解日趋加速的生物多样性丧失、生态系统功能减退、服务功能下降及其造成的影响，实现脱贫、公平和自然保护相协调的可持续发展（TEEB，2009）。在 MA 和 TEEB 的框架下，还有很多生态系统服务价值评估的研究等待各国学者进一步探索。我国在这方面的探索还远远不够，尤其是需要站在全价值评估的视角上，对生态脆弱地区展开大量的生态系统服务价值评估工作，并通过生态补偿、生态基础设施建设、能源保护等政策的制定和完善，实现国家和地区的生态安全和经济可持续发展。

（三）国内外研究动态评价

综上所述，无论是虚拟水贸易足迹研究，还是生态系统服务功能价值评估的理论和方法，西方国家已经取得了长足的进展，并对我国开展虚拟水贸易足迹研究和流域生态系统价值评估具有重大的借鉴意义。

国内外关于虚拟水贸易的研究都是以虚拟水贸易带来水资源在空间上的定量流动测算为前提的，重点分析虚拟水贸易对不同尺度的区域水资源安全和粮食安全起到的积极作用。而目前所有关于虚拟水贸易的研究仅仅是在虚拟水贸易量上进行了计算与分析，并未从虚拟水贸易的价值量层面对虚拟水贸易进行更进一步的测算与研究。虚拟水贸易价值量的测算能够在消费者效用的角度为政策制定者提供更多的信息，尤其是虚拟水贸易足迹非市场价值的测算，其测算结果在理论上是对要素禀赋理论和比较优势理论的进一步解释和完善，在实践中对流域水资源在生态用水上的配置具有重要的指导意义。我国对虚拟水贸易足迹的研究尚处于初级阶段，在很多方面还需要更深入的研究和探索。在研究的尺度上，我国的研究缺乏对不同尺度范围的分析，尤其是对不同区域、流域的研究。另外，虚拟水贸易往往结合粮食作物等水密集型产品的贸易来进行分析，以往以省市为单位展开的研究在某种意义上来说缺乏说服力，而流域是农业生产的自然分区，针对流域尺度的虚拟水贸易和粮食安全的关系的研究需要在我国进一步进行探讨。在研究方法上，也还需要进一步进行深入研究，尤其是农作物生产水足迹的系数修正，以及投入产出法在我国区域间农产品贸易的应用。未来针对我国水资源规划管理和"十三五"期间全国农业分区规划，需要对某些特定的区域（如粮食主产区和流域）进行虚拟水贸易的专题研究。

在生态系统服务价值评估方面，国内目前的研究多集中于生态系统服务的使用价值，关于非使用价值的评估这几年也逐渐得到了重视，而基于生态功能属性的全价值评估更是未来全球关于生态系统服务价值评估的研究重点和难点。从评估方法来看，假想市场法是目前能够评估全价值的唯一方法，其中，CVM 已在国内得到了大量的应用，但 CVM 本身具有局限性，难以进行效益转移（Benefit Transfer）分析和隐含价格（Implicit Price）分析。CE 相对于 CVM 具有众多优势，且在国外已形成了很多显著的成果，而在国内却鲜有应用。现有的研究框架可以用于评估宏观政策对整个社会福利水平的影响，特定的政策虽能增加社会整体福利，但缺乏对不同微观主体的成本收益分析可能加重贫困。目前很多相关研究对利益相关主体界定不清，区分生态系统受益者和受损者能够更加科学地制定生态系统保护政策，有助于收入分配的改善，这将是未来的研究发展趋势。

四　研究内容

（一）纳入非市场价值的虚拟水贸易足迹理论分析

以粮食作物贸易为研究对象，将经典的要素禀赋理论和比较优势理论与流域粮食作物虚拟水贸易相结合，构建流域粮食作物虚拟水贸易研究模型。在此基础上，以水生态系统服务为切入点，将水生态系统服务的生态、经济、社会属性指标与福利经济学中的效用最大化理论相结合，界定资源价值评估的基本内涵，并将水资源的非市场价值与流域粮食作物虚拟水贸易模型有机结合，构建纳入非市场价值的流域粮食作物的虚拟水贸易研究理论分析框架。

（二）粮食作物虚拟水贸易足迹测算

以陕西省渭河流域为例，根据流域内粮食作物的生产和消费情况，估算流域粮食作物的贸易情况。进一步结合粮食作物的生产水足迹模型测算流域粮食作物的虚拟水贸易足迹；将测算的粮食作物虚拟水贸易足迹与农业用水价格相乘，得到流域粮食作物的虚拟水贸易市场价值。

（三）水资源生态系统服务非市场价值评估

本文运用资源环境经济学中的资源价值评估理论和选择实验法技术，以渭河流域生态系统范围内居民的支付意愿数据为样本，构建基于生态系统功能属性的非市场价值评估体系。通过建立随机效用模型（Random Utility Model），揭示被调查者支付意愿的"隐含价格"和"补偿剩余"。隐含价格的测算结果用以分析居民对流域水生态系统服务功能的偏好异质性，补偿剩余的测算结果与之前测算的流域虚拟水贸易足迹相乘，得到流域粮食作物的虚拟水贸易非市场价值。将该非市场价值的测算结果与市场价值测算结果进行对比分析。

（四）虚拟水贸易足迹非市场价值影响因素研究

在回顾当前虚拟水贸易和水资源价值评估研究的基础之上，分别分析流域粮食作物虚拟水贸易足迹和流域水资源非市场价值的影响因素。在流域虚拟水贸易足迹的影响因素中，主要从自然、社会、经济和政策等维度定性分析其影响因素，并选取一定的指标进行因子分析，寻求流域虚拟水贸易足迹的主要影响因素；在水资源非市场价值的影响因素中，主要实证考察居民生态认知、社会资本、个人及家庭特征变量对流域居民的支付意愿的影响。

（五）虚拟水贸易足迹非市场价值响应方案构建

在虚拟水贸易足迹非市场价值测算和影响因素分析的基础上，构建虚拟水战略视角下水资源管理和粮食安全政策的响应方案，并结合水资源非市场价值评估的结果对流域农业水价定制进一步进行讨论。

五　技术路线与研究方法

（一）技术路线

技术路线引导本文从研究选题、整体构思到理论框架构建与实证分析进行总体性研究规划。具体的研究思路是：首先对国内外相关的文献资料进行研读，然后结合前期获得的研究区域实地预备调研数据和相关统计资料确定研究对象、研究内容和研究目的。在此基础上提出本研究的理论模型和研究相关假设，形成本研究的基本框架。通过本研究领域相关专家论证后，进一步对理论框架进行补充完善，并对研究区域展开具体的调研，收集相关统计数据和资料。在理论框架指导和相关模型方法的应用下完成对数据资料的处理分析，形成初步成果，经过论证后形成最终成果。本研究所采用的具体技术路线如图 1 - 1 所示。

（二）研究方法

总体上，本文以实证研究为主，即根据相关经济学原理提出理论分析框架，再进行实证检验，最后得出研究结论与政策建议。具体方法包括如下几种。

（1）选择实验法。具体步骤为：①确定流域决策问题的特征，流域水资源环境变化影响水资源供给的变化、生物多样性变化、娱乐行为的变化等；②在预调研和专家咨询后，确定生态属性、指标以及其状态值；③根据正交设计法确定呈现给参与者的选择替代情景及其组合（选择集），完成问卷设计；④根据状态值的精确程度和数据收集成本确定抽样规模，并完成调研；⑤采用 Mixed Logit 模型和最大概率估计方法进行模型估计；⑥对模型估计结果进行福利测量和参与者行为的分析，以用于支持决策分析。

（2）水足迹法。利用联合国粮农组织（FAO）开发的以 Allan 等（1998）提出的方法为基础的 CROPWAT 模型计算粮食作物的生产水足迹。在此基础上，结合流域粮食作物的生产

总体设计：结合水资源生态系统的生态、经济、社会属性与已有研究基础，对文献进行搜集、分析与整理，设计总体研究方案

基础理论分析 → 福利经济学理论分析

基础理论分析 → 古典贸易理论、新古典贸易理论分析

理论框架构建 → 基于效用最大化的水资源非市场价值评估

理论框架构建 → 基于比较优势的虚拟水贸易足迹测算 → 纳入非市场价值的虚拟水贸易足迹研究

对渭河流域水资源进行实地调研，整理数据资料

实证检验 → 选择实验法评估流域水资源非市场价值

CE评估指标体系

焦点访谈法 → 实验方法 → 预调

水价值偏好方程Mixed Logit

虚拟水贸易足迹非市场价值测算

虚拟水贸易足迹非市场价值影响因素

水资源管理相应方案

虚拟水贸易足迹非市场价值响应方案

关于水价的讨论

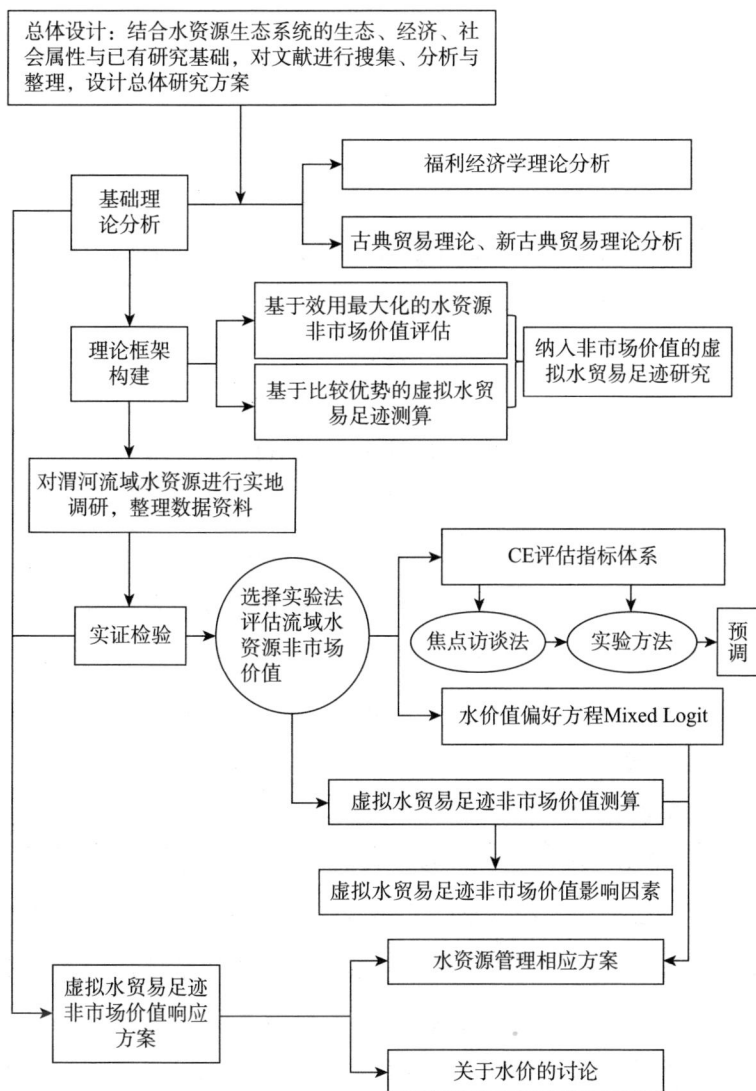

图 1 - 1　本书研究技术路线

和消费数据，估算流域粮食作物的贸易量，进一步测算流域粮食作物的虚拟水贸易足迹。

（3）离散选择模型法。在构建水资源价值影响因素模型

的基础上，运用有序 Probit 模型对水资源价值影响因素进行回归分析，验证社会资本、生态认知等变量对流域居民支付意愿的影响方向和程度。

（4）因子分析法。在分析粮食作物虚拟水贸易足迹影响因素的基础上，运用统计学中因子分析的方法对流域虚拟水贸易足迹影响因素进行公因子提取，探讨资源、社会、经济、政策等维度对粮食作物虚拟水贸易足迹的影响。因子分析法可以克服在影响因素分析过程中指标之间的多重共线性问题。

六　本书创新之处

（1）本书将水资源价值评估结果与流域粮食作物虚拟水贸易足迹结合，测算陕西省渭河流域粮食作物虚拟水贸易足迹的市场价值及非市场价值，理论上是对要素禀赋理论和比较优势理论的进一步解释和补充完善，实践中对流域粮食安全政策、水资源管理政策和流域水价的制定具有实践指导意义。研究的创新结论如下。

① 2010—2014 年 5 年间，陕西省渭河流域粮食作物虚拟水贸易一直处于净输入状态，说明陕西省渭河流域粮食作物的虚拟水贸易在一定程度上缓解了流域水资源短缺的压力。由于陕西省渭河流域地处我国西北干旱半干旱地区，这一研究结论也说明陕西省渭河流域在粮食作物上并未出现所谓的"虚拟水贸易出口悖论"。

② 四种粮食作物的虚拟水贸易为流域节约水资源主要来自稻谷和大豆的进口。在保证流域粮食安全的基础上，为了进一步通过粮食作物虚拟水贸易来节约陕西省渭河流域的水资源，需要适当增加部分品种的进口规模。在"谷物基本自给，

口粮绝对安全"的政策指导下，陕西省渭河流域的小麦生产应该确定一个规模底线，以确保流域粮食安全，而对于现有虚拟水贸易足迹值较小的玉米，可以考虑适当扩大进口规模，以满足流域内部大量的工业用粮和饲料用粮需求。

③ 2010—2014 年 5 年间，陕西省渭河流域四种粮食作物平均贸易水足迹值为 2.04 亿 m^3，且四种粮食作物平均虚拟水贸易足迹的市场价值为 1.29 亿元，非市场价值为 1.92 亿元。因此，通过虚拟水贸易战略为流域节约的水资源应该更多地利用于非市场价值更高的流域生态补给用水。另外，在生态补给用水配置过程中，应该关注流域居民对流域水资源生态系统服务功能属性的偏好异质性，以增加公众的福利，提供水资源配置政策的公众支持。

（2）本书运用 CE 方法进行水资源非市场价值评估，进一步进行隐含价格和补偿剩余的测算。该方法的运用能够得到水资源每一个生态功能属性的非市场价值，并能够解决公众的偏好异质性问题，对我国流域生态管理政策的制定和完善具有极大的参考价值。研究的创新结论如下。

① 陕西省渭河流域居民对不同的生态系统服务具有较强的偏好和偏好异质性。从 Mixed Logit 模型的隐含价格测算结果可以看出，居民对水质（以级别为单位）和水量（以百分比为单位）等生态系统服务功能具有较高的支付意愿，分别为 88.84 元/（年·户）和 11.19 元/（年·户）。对水土保持强度（以级别为单位）和生态旅游条件改善（以百分比为单位）等生态系统服务功能具有较低的支付意愿，分别为 24.08 元/（年·户）和 2.65 元/（年·户）。在流域水资源配置和水生态环境治理过程中，应该优先考虑这些居民支付意愿较高的生态系统服务功能属性的改善。

② 从潜类别模型的研究结果可以看出，偏好的异质性主要体现在不同消费者群体针对同一生态系统服务功能的支付意愿大小的差异，另外，城市和农村居民针对同一生态系统服务功能属性的支付意愿也存在差异。在政策制定过程中，应该将这些公众的偏好异质性考虑进去，制定有差别的流域水资源配置政策和流域水生态环境治理政策。

③ 整体上，陕西省渭河流域水资源生态系统服务给人们带来了巨大的效用。通过测算补偿剩余，陕西省渭河流域居民平均每年每户愿意为渭河流域水资源生态系统服务的改善支付414.84元。经过非市场价值的估算，2012年陕西省渭河流域水资源生态系统服务的非市场价值为66.15亿元。该价值评估的结果对其他流域水资源的非市场价值评估具有借鉴意义，通过效益转移的方法，可以为类似流域的水资源非市场价值评估节约评估成本。

（3）本书在流域虚拟水贸易足迹影响因素定性分析的基础上，运用因子分析的方法，寻求陕西省渭河流域粮食作物虚拟水贸易足迹的主要影响因素。另外，运用有序 Probit 模型以及陕西省渭河流域居民水资源价值实地调研数据，分析流域居民对流域水资源生态系统服务支付意愿的影响因素，以揭示水资源非市场价值的影响机理。与同类研究相比，本书进一步验证了居民的生态环境认知对环境物品支付意愿的正向影响，且运用因子分析的方法进一步分析了各种影响因素对虚拟水贸易的影响程度。研究对我国虚拟水贸易足迹非市场价值的影响因素研究进行了有效的补充，对今后的研究具有一定的参考价值。研究的创新结论如下。

① 在陕西省渭河流域虚拟水贸易足迹的影响因素中，起主导作用的是社会因素和经济因素，自然因素对陕西省渭河流

域虚拟水贸易足迹的影响相对较弱。由此可见，陕西省渭河流域虚拟水贸易足迹的大小主要取决于贸易量的大小，而不是粮食作物生产水足迹的大小。因此，需要流域制定合理的粮食作物虚拟水贸易政策，合理编制流域虚拟水贸易战略规划，以合理配置流域水资源，满足流域居民对水资源的需求。

② 受访者个体特征、家庭特征、生活环境以及环境认知等是影响流域居民对流域水资源生态系统服务支付意愿的主要因素，其中有显著正向影响的指标是居民社会地位和居民环境认知程度，有显著负向影响的指标是受访者年龄和是否为农村居民。与女性受访者相比，男性受访者具有显著更高的支付意愿，而居民家庭收入状况对其支付意愿影响不显著。

▶ 第二章
相关研究理论基础

一 相关概念界定及内涵

（一）生态系统服务

在不同时期、不同的研究框架下生态系统服务具有不同的定义和分类，在 Daily、Costanza 和 De Groot 等人研究的基础上，目前国际上公认的较为准确的定义是 MA（Millennium Ecosystem Assessment）提出的。

Daily（1997）首次从生态学角度全面介绍了生态系统服务的概念，是指生态系统与生态过程所形成和所维持的人类赖以生存的自然环境条件与效用，并将生态系统服务概括为 10 项内容：缓解干旱和洪水、废物的分解和解毒、产生和更新土壤及其肥力、植物授粉、农业害虫的控制、稳定局部气候、物质生产、缓解气温巨变和海浪、支持不同的人类文化传统、提供美学和文化娱乐。

Costanza（1997）则更多地从经济学角度指出，"生态系统服务"更为全面的叫法是"生态系统的产品与服务（Ecosystem Goods and Services)"，指人类直接或者间接地从生态系统的功能当中获得的各种收益，并对全球主要的 16 类生态系统进行了分析，提出了 17 项生态系统服务，包括气体调节、气候调节、扰动调节、水调节、水供给、控制侵蚀和保持沉积物、土壤形成、养分循环、废物处理、传粉、生物控制、避难所、食物生产、原材料、基因资源、休闲、文化。

继上述两位较为权威的研究者对生态系统服务进行分类之后，De Groot（2000）在此基础上对生态系统提供的服务进行了更加详细的分类，共分为四个大类（调节服务、生境服务、生产服务、信息服务），23 个亚类。而目前国际上更为前沿的分类标准是由联合国环境规划署（UNEP）在 2003 年千年生态系统评估项目中提出的，将生态系统服务划分为支持服务（Supporting）、供应服务（Providing）、调节服务（Regulating）和文化服务（Cultural）四个大类，进一步细分为 23 个小类，并将生态系统服务定义为：人类从生态系统功能中以直接或间接的方式所获得的效用，以产生社会福利（MA，2005）。

本文对生态系统服务的定义基本遵循 MA 的分析框架，且对生态系统服务的特征做如下分析。

（1）生态系统服务具有其固有的生态属性。生态系统服务是生态系统的最终产出，而自然资源的生态系统服务是由多种生态属性组成的，且生态系统功能决定了生态属性的固有本质性。例如，水资源具有土壤蓄水和养分循环的生态系统功能，同时决定了水资源供给的生态系统服务。

（2）生态系统服务不等同于生态系统功能。生态系统功能的本质是维持生态系统正常运行的（物理、化学或生物）过程，生态系统功能决定了生态系统的性质和类别；而生态系统服务的本质是生态系统的最终产物，是通过生态系统功能的不断作用而形成的。

（3）生态系统服务可以直接或间接被人类使用，进而对人类的福利变化产生影响。生态系统服务作为生态系统的最终产品可能被人类直接使用，如流域生态系统中可供生产和生活使用的水资源，或者森林生态系统中可供人类直接使用的木材及林下生物；生态系统服务也可能间接被人类使用，如碳固定和吸收作为一种生态系统服务，虽然不能被人类直接利用，但通过碳固定可以减少空气中二氧化碳的含量，进而起到调节气候的作用，影响到人类的福利水平变化。

（二）非市场价值

目前，关于生态系统服务非市场价值内涵的认识并不统一，其发展过程中吸收了劳动价值论、主流经济学价值论、环境主义价值论的观点。按照马克思的劳动价值论的观点，生态系统服务的价值是由具体的劳动创造的，其服务的作用是形成使用价值。传统经济学家认为价值是物品满足人们欲望的能力，是由市场供求决定的，因而没有进入市场的生态系统服务就没有价值。环境主义者对上述观点并不认同，O'Neill（1993）认为生态系统服务价值的存在并不由人们的主观意愿和感受决定，生态系统服务具有内在价值（Intrinsic Value）。现代环境经济学对生态系统服务价值的研究集中于生态系统服务的外在价值（Extrinsic Value），而内在价值涉及环境伦理学方面的内容，很少将其计入价值评估范围（UK NEA，2011）。

在生态系统服务外在价值的分类上，使用最为广泛的分类标准是 Pearce 提出的，将其分为使用价值和非使用价值两大类：使用价值指现在或未来的生态系统产品提供的福利，包括直接使用价值、间接使用价值和选择价值；非使用价值则是通过当代人的努力，为后代人留下一个可能获得的福利，包括馈赠价值和存在价值（Pearce and Moran，1994）。经济合作与发展组织（OECD）对生态系统服务的选择价值进行了修正，认为部分选择价值应归属于非使用价值（OECD，1995）（见图2-1）。在Pearce研究框架之外，UNEP较早地将生态系统服务价值分为显著实物型的直接价值、无显著实物型的直接价值、间接价值、选择价值、消极价值（UNEP，1993）。McNeely等根据生态系统服务是否具有实物形态，将外在价值分为直接价值和间接价值：直接价值与生物资源消费者的直接享用和满足有关，其中包括了消费使用价值、生产使用价值；间接价值主要包括非消费使用价值、选择价值、存在价值（McNeely et al.，1990）。

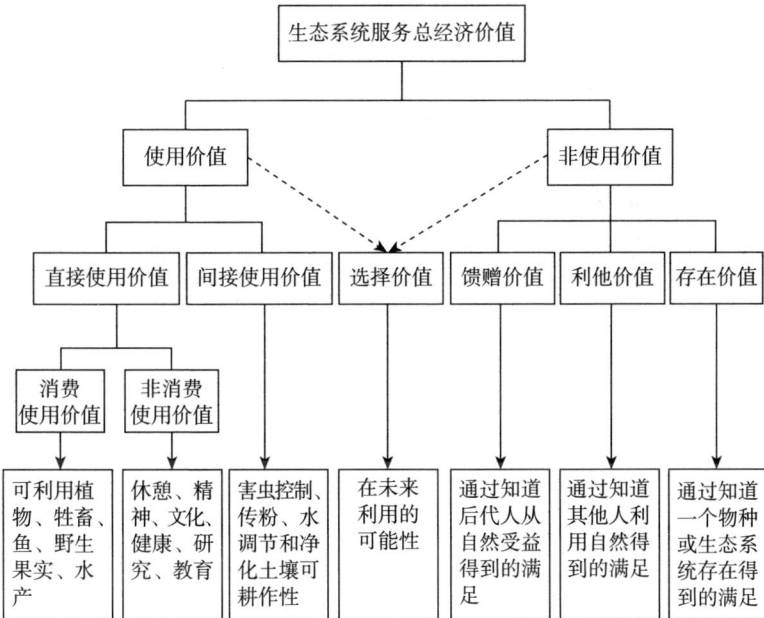

图2-1　生态系统服务总经济价值分类

资料来源：根据Pearce and Moran（1994）、OECD（1995）整理所得。

对于大部分生态系统服务而言，都不能直接在市场上进行交易。因此，在评估生态系统服务价值的时候，主要考虑的是其非市场价值。非市场价值并不是一个个体概念，而是一个集合概念，指不满足市场价值定义的一系列价值类型的集合。本文认为：环境物品的生态系统服务非市场价值包括图2-1中直接使用价值中的消费使用价值以外的所有价值类型。

有关生态系统服务价值评估的方法可以按照市场信息完全与否分为市场价值法、替代市场法、假想市场法（Chee，2004）。具体方法介绍、难易程度、适用范围如表2-1所示。

表2-1　生态系统服务价值评估方法分类

类型	方法	简介	难易程度	适用范围
市场价值法	市场价值法（Market Price Method）	对存在市场价格的生态系统服务进行评估	简单	使用价值
	替代成本法（Replacement Cost Method）	人工建造能够替代生态服务设施的成本	简单	使用价值
	避免损失价值法（Damage Cost Avoided Method）	计算因生态系统提供了相应的服务，从而减免了损失的价值	简单	使用价值
	人力资本法（Human Capital Method）	估算环境状况对人类健康特别是劳动力数量和质量的影响	复杂	使用价值
替代市场法	旅行费用法（Travel Cost Method）	根据旅游者在景区所有的支出，对旅游地区的旅游价值进行估算	复杂	使用价值
	享乐价值法（Hedonic Price Method）	人们购买的商品中包含了某种生态环境价值属性，通过人们为此支付的价格来推断价值	非常复杂	使用价值

续表

类型	方法	简介	难易程度	适用范围
假想市场法	条件价值评估法（Contingent Valuation Method, CVM）	针对一项生态系统服务或减少环境危害的不同选择，询问被调查者的支付意愿（Willingness to Pay, WTP）	复杂	全价值
	选择实验法（Choice Experiment, CE）	提供关于生态系统不同服务标准组合的问卷供被询问者选择，通过问题的组合获得被调查者的 WTP	非常复杂	全价值

资料来源：TEEB（2010）。

从表 2 - 1 可以看出，假想市场法与其他两类方法相比的优点在于，假想市场法是基于全价值的评估方法，它通过反映人们的偏好选择来确定"支付意愿（WTP）"，进而评估包括文化服务等无法用金钱衡量的非市场价值。对于非市场价值的评估，国内外学者将条件价值评估法（CVM）、选择实验法（CE）和联合分析法（Conjoint Analysis, CA）一起归结为陈述性偏好法（Stated Preference, SP）。陈述性偏好法的依据是随机效用理论，其暗含的假设是：人们对可供选择的物品集具有精确的偏好，且人们很清楚自己的偏好，这些偏好在该物品集中都有其替代物（Freeman, 2003）。

由于多种因素影响假想市场法的结果，因而与假想市场法有关的一系列偏差会影响其评估结果的有效性和可靠性。另外，假想市场法必须进行大量的问卷调查，这个调查过程的成本高昂，且后期对数据的统计分析工作也十分复杂，这些也是假想市场法共同存在的劣势。在最新的 TEEB 研究框架中，又提出了效益转移法（Benefit Transfer, BT），即借鉴类似地区的相关研究成果用于需要评估的生态系统服务。当效益转移法与选择实验法相结合时也能够提供基于全价值的生态系统服务价值评估，且此种方法可以节约大量的调查成本，但效益转移法只能提供一个对相应生态系统服务的大概的评估（TEEB，2010）。

（三）虚拟水贸易足迹

虚拟水贸易足迹的概念是在虚拟水和水足迹的概念基础之上提出来的。英国学者 Allan（1993）首次提出了虚拟水（Virtual Water，VW）的概念，是指产品和服务在生产过程中消耗的水资源。虚拟水最初专指农产品生产所需要的水资源，后来逐步扩展到所有的产品和服务。虚拟水贸易是指贫水国家和地区通过进口丰水国家和地区的水密集型产品（如粮食作物）来保证本国（地区）水资源安全的一种商品战略。在前人对虚拟水研究的基础上，水足迹最初是由荷兰学者 Hoekstra（2003）提出的。他认为一种产品的水足迹包含了该产品整个生产供应链中所需要的所有水，根据水的不同应用可分为"蓝水足迹"、"绿水足迹"和"灰水足迹"。其中，蓝水足迹对应的是产品生产供应链中地表水资源和地下水资源的消耗量；绿水足迹对应产品生产供应链中对不会成为径流的那部分雨水的消耗；灰水足迹则对应产品生产供应链中产生的污染物被完全同化吸收消耗的淡水的体积，同化标准以自然本底浓度和当前水质标准为测算基础。

在此基础上，本书提出某种商品的虚拟水贸易足迹的概念，指在一定时期内，一个国家（地区）该产品或服务虚拟水进口和出口的贸易差额情况。在此前提下，虚拟水进口量是指贸易进口国或地区进口的产品或者服务中包含的虚拟水资源量，虚拟水出口量则是指贸易出口国或地区出口的产品或者服务中包含的虚拟水资源量。虚拟水足迹反映的是一段时间内，某国家或地区的虚拟水净进口量，它等于虚拟水总进口量减去虚拟水总出口量。虚拟水贸易足迹为正值代表该国家或地区虚拟水流入，反之，则代表该国家或地区虚拟水流出。由于本文主要考察粮食作物贸易过程中虚拟水资源流动的数量关系，故本文所提到的虚拟水贸易足迹包括蓝水足迹和绿水足迹两部分，而不考虑水资源流动质量关系的灰水足迹。

二　纳入非市场价值的虚拟水贸易理论

（一）福利变动的测量

在资源环境经济学的研究中，资源数量和环境质量的变化主要通过以下四个途径对人类的福利产生影响：在市场上购买的商品价格的变动；生产要素价格的变化；非市场性商品的数量或质量的变化（如水资源、森林资源的生态系统服务）；人们所面对的市场风险的变化（Freeman，2003）。其中价格和数量的变动对人类的福利产生的影响是分析的基础，以下主要以这两个方面为例，介绍福利变动测算的集中方法。

有关消费者福利变化的计量方法通常有五种。第一种是用消费者剩余来计量福利的变化。消费者剩余是消费者从购买中得到的剩余的满足，或者叫作满足的剩余部分，等于消费者愿意支付的价格（即支付意愿，Willingness to Pay）和实际支付价格之差。普通商品的消费者剩余等于马歇尔需求曲线以下，水平价格线以上的面积（见图 2 - 2 Ⅰ）。生态系统服务产品大都属于公共产品，具有非竞争性和非排他性的产品属性，

图 2 - 2 Ⅱ 显示了生态系统服务产品的供求关系。假设由于生态修复和环境治理，生态系统服务的供给水平由 S_0 增加到 S_1，则图中阴影部分代表了消费者剩余的变化。生态系统服务的非市场价值评估的本质也就是测算由生态环境变化引起的消费者剩余的变化，也就是消费者或使用者愿意为生态系统服务的改善所支付的价格（Willingness to Pay，WTP）或者愿意为生态系统服务退化所接受的补偿（Willingness to Accept，WTA）。

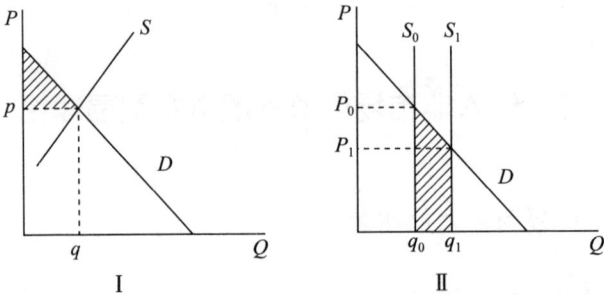

图 2 - 2 不同产品（服务）的供求曲线

其他四种福利变动的计量方法都是对一般消费者理论的发展与改进。

（1）补偿变差（Compensating Variation，CV）。该方法主要是询问：需要多少补偿支付才能使得在价格（或者数量）变化前后的福利状况保持不变。

（2）等效变差（Equivalent Variation，EV）。该方法主要是询问：在给定初始价格的前提下，收入应该变动多少才能等同于价格（或数量）的变动。

（3）补偿剩余（Compensating Surplus，CS）。该方法主要是询问：需要多少补偿支付才能在价格发生变动且福利不发生变化的前提下，能够购买的商品数量发生变化。

（4）等量剩余（Equivalent Surplus，ES）。该方法主要是

询问：在给定初始价格和消费水平的前提下，需要收入变化多少才能使消费者在新的价格和新的购买组合下福利保持不变。

以上有关价格或环境的变化对福利变化影响的讨论可以概括总结为表 2-2。其中，WTA to incur 表示对已经发生的破坏接受的意愿，WTP to avoid 表示为避免没有发生的破坏而支付的意愿，WTP to obtain 表示对已经发生的环境改善的支付意愿，WTA to forgo 表示为放弃尚未发生的环境改善而愿意接受的补偿（曲福田，2011）。

表 2-2 环境变化对福利的影响

有没有发生变化	用来比较的效用水平	环境变化			
		生态退化		生态改善	
有	U^0 (CV)	WTA to incur	U^0 (M+CV)	WTP to obtain	U^0 (M−CV)
没有	U^1 (EV)	WTP to avoid	U^1 (M−EV)	WTA to forgo	U^1 (M+EV)

（二）支付意愿

目前，能够对环境物品进行非市场价值评估的方法只有陈述偏好法，它通过反映人们的偏好选择来确定支付意愿，进而评估包括文化服务等无法用金钱衡量的非市场价值。支付意愿的研究是基于计量个人福利变化的价值理论，其理论假设人们对可供选择的物品集具有精确的偏好（包括可在商场上交易的物品和非市场物品）。同时，人们很清楚地知道自己的偏好，这些偏好在该物品集中具有其替代物，如果个人在物品集中某一种物品消费数量减少，就会有其他某种物品消费数量的增加，以使这种变化不会导致个人福利的降低（Freeman，2003）。

环境支付意愿是个人在维持其效用水平不变的情况下，愿意为得到一定数量的环境物品的消费而减少的收入变化，即一定的价格支付。假设个人的效用方程为 $u(x,q)$，其中 x 代表价格为 p 下的私人物品消费量向量集，而 q 代表价格为 w 下的公共物品消费量向量集。根据效用最大化理论，人们在收入约束 y 下的消费偏好满足：

$$\max_{x,q} u(x,q) \qquad (2-1)$$

约束条件为人们的收入 y：

$$\sum_i p_i x_i + wq \leqslant y \qquad (2-2)$$

从式（2-1）和式（2-2）可以得到间接效用方程：

$$v(p,q,y) = \max_{x,q} \left\{ u(x,q) \ \middle| \ \sum_i p_i x_i + wq \leqslant y \right\}$$

当公共物品数量消费从 q_0 增加到 q_1 的时候，消费者需要从收入中拿出一定的支付费用来维持其效用不变，即 WTP：

$$v(p,q_0,y) = v(p,q_1,y-WTP) \qquad (2-3)$$

效用最大化的另一种表达方式为支出最小化，其表达形式为：

$$e(p,q,u) = \min_{x,q} \{ px + wq \mid u_1(x,q_1) \geqslant u_0(x,q_0) \}$$

$$(2-4)$$

由此，可以得出 WTP 的计算公式为支出方程的变化：

$$WTP = e(p,q_0,u_0) - e(p,q_1,u_0) \qquad (2-5)$$

（三）选择实验法

在陈述偏好法中，选择实验法能够测量公众对环境物品

（如水资源）各生态属性的支付意愿，且能够进行公众对环境物品偏好异质性的研究。应用选择实验法对环境物品进行价值评估的理论基础主要有兰开斯特消费者理论和随机效用理论。根据兰开斯特消费者理论，消费者的效用可以被分解为消费该环境物品（或服务）的各个特征属性的效用。即消费者在固定的预算约束条件下，根据商品的属性进行选择，进而使其效用达到最大化。而根据随机效用理论，消费者的效用可以被分解为可观测的确定性部分和不可观测的随机部分：

$$U_{ijt} = V_{ijt} + \varepsilon_{ijt} \qquad (2-6)$$

其中，U_{ijt} 为真实不可观测效用部分，V_{ijt} 为系统可观测效用部分，ε_{ijt} 为系统不可观测效用部分。消费者选择 j 的概率表达形式为：

$$P_{ijt} = \mathrm{Pr}(V_{ijt} + \varepsilon_{ijt} > V_{ikt} + \varepsilon_{ikt}; \forall j \in C, \ \forall j \neq k) \quad (2-7)$$

假设随机效用函数具有线性特征，则可观测效用函数可以表达为：

$$V_i = \beta_1 x_{i1} + \beta_2 x_{i2} + \cdots + \beta_n x_{in} \qquad (2-8)$$

其中，x_{in} 表示选择集 i 中的第 n 个属性值，β_n 为选择集 i 中第 n 个属性的估计参数。

传统 Logit 模型应用的前提假设是消费者偏好为同质的。然而在现在情况中，消费者个体之间往往存在差异，对不同的生态功能属性的认知程度也不同。倘若再使用传统 Logit 模型对参数进行估计，将带来估计结果的偏差。为了解决消费者偏好异质性问题，可采用 Mixed Logit 模型和潜类别模型（Latent Class Model，LCM）对参数进行极大似然估计。

在 Mixed Logit 模型中，个体 n 在 t 时刻与选择集 C 中的第

i 次选择的概率可以表示为：

$$P_{nit} = \int \frac{\exp(V_{nit})}{\sum_j \exp(V_{nit})} f(\beta)\, \mathrm{d}\beta \qquad (2-9)$$

如果消费者异质性表现为离散型，可以选择 LCM 对参数进行估计。n 个个体可以分为 S 类，每一类由同质性的消费者组成（Boxall and Adomowicz，2002）。消费者在情况 t 时选择 i 的概率可以表示为：

$$P_{nit} = \sum_{S=1}^{S} \frac{\exp(\beta_S X_{niut})}{\sum_j \exp(\beta_S X_{niut})} R_{nS} \qquad (2-10)$$

其中，β_S 表示 S 类别的参数向量，R_{nS} 是消费者 n 落入类别 S 的概率。此概率则表示为：

$$R_{nS} = \frac{\exp(\theta_S Z_n)}{\sum_r \exp(\theta_r Z_n)} \qquad (2-11)$$

其中，Z_n 表示影响类别成员可观察的一系列因素，θ_S 为消费者在类别 S 中的参数向量。

在使用 Mixed Logit 模型和 LCM 对模型参数进行估计后，不同生态系统服务属性的支付意愿则可以通过以下公式计算得出：

$$WTP_n = -\frac{\beta_n}{\beta_M} \qquad (2-12)$$

其中，β_n 为生态系统服务功能属性估计参数，β_M 为价格估计参数。

环境改善所带来的水资源生态系统服务的非市场价值可以用补偿剩余计算推导后获得，补偿剩余表达的是对环境现状改变所带来的整体效用，其计算公式如下：

$$CS = -\frac{1}{\beta_M}(V_0 - V_1) \qquad\qquad (2-13)$$

其中，V_0代表维持现状能给人们带来的效用，V_1代表生态系统服务改善后人们可获得的效用。

（四）古典国际贸易理论

古典国际贸易理论是国际贸易理论的基础，为后来的新古典贸易理论和新贸易理论的发展铺垫了良好的基石。该部分主要回顾重商主义学说、绝对优势理论、比较优势理论和相互需求理论。

1. 重商主义学说

国际贸易思想的起源可以追溯到古罗马时期的分工交换的思想。后来早期的重商主义学说主张货币差额论，提出禁止货物进口，以防止贵重金属外流。晚期的重商主义学说主张贸易差额论，要求发展对外贸易，出发点是对外贸易所吸引进来的货币多于流出的货币。重商主义的核心思想是世界资源的静态观，他们只注重货币财富，而没有把通过分工和贸易获得的财富包括在内，从而把国家之间的国际贸易看作一种财富交换的"零和"。

2. 绝对优势理论

亚当·斯密用绝对优势原理说明国际分工和国际贸易的基础。根据绝对优势理论，每个国家的资源禀赋都会绝对有利于某些特定产品的生产，假使所有国家都按照专业化分工生产的原则生产各自绝对有利的产品，然后进行相互交换，则所有的国家都会获得超额收益。斯密的绝对优势论第一次运用劳动价值论的观点说明了国际贸易的基础和利益关系所在，推翻了重商主义的"非赢即输"的观点，为国际贸易理论的发展奠定了良好的基础。但绝对优势理论只适用于贸易双方至少各拥有一种具有绝对优势的商品对其他国家进行销售的情况。如果一个国家在所有的产品生产成本上相对于另一个国家的同种产品的生产均处于绝对劣势地位，是否还可能出现分工和贸易？若在此种情况下进行交易，双方是否还能获益？

3. 比较优势理论

大卫·李嘉图在斯密的绝对优势理论基础上，论证了更为广泛的国际贸易现象的必然性，即比较优势理论。根据比较优势理论，国际贸易的基础并不局限于劳动生产率的绝对差别。只要各个国家之间存在劳动生产率的相对差别，就会出现生产成本和产品价格的相对差别，从而使得各个国家在不同的产品生产上具有比较优势，进而使得国际分工和国际贸易成为可能。李嘉图的比较优势理论从技术差异的视角研究了各个国家比较优势的形成，也为后人对影响比较优势因素方面的研究奠定了基础，为后来贸易理论的发展整理出了一条清晰的思路。但比较优势理论依然是一个静态的理论，只能说明短期内各个国家间贸易利益的问题。之后，美国经济学家哈伯勒提出了机会成本的概念，其本质是对比较优势理论的发展，用一般均衡理论的思想将前人的研究加以总结和表述，使之更加标准化。根据哈伯勒的机会成本论的观点，一个国家专业化生产一种产品，其机会成本就是它放弃生产另一种产品的价值。如果 A 国生产某种产品的机会成本低于 B 国生产该产品的机会成本，则 A 国就能获得比较优势。若两个国家各自选择机会成本相对较低（具有比较优势）的产品进行专业化生产，进而进行国际贸易，则双方都会获利。

4. 相互需求理论

在拥护李嘉图的比较优势理论的前提下，英国心理学家、哲学家、经济学家约翰·穆勒对李嘉图的理论进行了补充，从需求的角度解释了国际贸易的利益范围和利益分配问题，提出了相互需求论：国际交换比率的上限和下限取决于互相交换的两个国家各自的国内交换比率；贸易利益的分配则由两个国家之间具体的交换比率决定，也就是说实际的贸易条件与对方的国内交换比率相差越小，则本国获取利益的份额就越大，反之则越小；两个国家国内交换比率的差异越大，两个国家通过国际贸易可能获得的贸易利益也越大。

（五）新古典贸易理论

新古典贸易理论是在古典贸易理论思想的基础之上，承认比较优势是国际贸易发生的基本原因，但放弃了斯密、李嘉图等人的劳动价值论，引入了劳动之外的其他生产要素，采用数学的分析工具和方法（等产量线、无差异曲线、生产可能性边界等）对古典贸易思想进行了改进，找到了比较优势形成的源泉，即贸易双方要素禀赋的差异。该部分主要介绍国际供求理论和要素禀赋理论。

1. 国际供求理论

英国经济学家马歇尔开创性地提出，国际供给和需求关系共同决定了国际交换均衡价值，并据此决定了贸易利益的分配格局，即国际供求理论。国际供求理论指出：国际供给和国际需求共同决定了国际贸易条件；一种产品的国际价格是使出口国家供给和进口国家需求相等时的均衡价格；国际贸易条件一般取决于需求弹性和需求强度的大小。马歇尔还用某一特定的曲线描述国际贸易中的均衡关系，即国际供需曲线（又称提供曲线)。提供曲线是指在不同的相对价格条件下，一个国家愿意进口和出口的商品数量的组合。

图 2 – 3 为提供曲线的推导过程，T_0 曲线表示在国内贸易条件下，商品 X 和 Y 的生产和消费在 E_0 点达到均衡。若国际市场的价格比率比国内更有利，则生产移到 P_1 点，消费移到较高的无差异曲线 I_1 上。反之，若该国家面临更有利的价格比率，则消费将移到无差异曲线 I_2 上，生产移到 P_2 点。将图 2 – 3 右侧图右边象限的贸易条件曲线（T_0、T_1、T_2）平移到左侧象限，把出口标记在横轴上，得到 X_1 和 X_2，它们与原点的距离分别为 S_1P_1 和 S_2P_2。纵轴上的 Y_1 和 Y_2 则表示进口，它们与原点的距离分别为 S_1E_1 和 S_2E_2。连接进口和出口的组合点，便可以得到在各个国际价格比率下贸易均衡点的轨迹 OA。同样的，也可以得到另外一个国家在各个国际价格比率下贸易均衡点的轨迹 OB。将 OA 和 OB 曲线进行组合，便可以得到图 2 – 3 中左侧图所示的提供曲线。

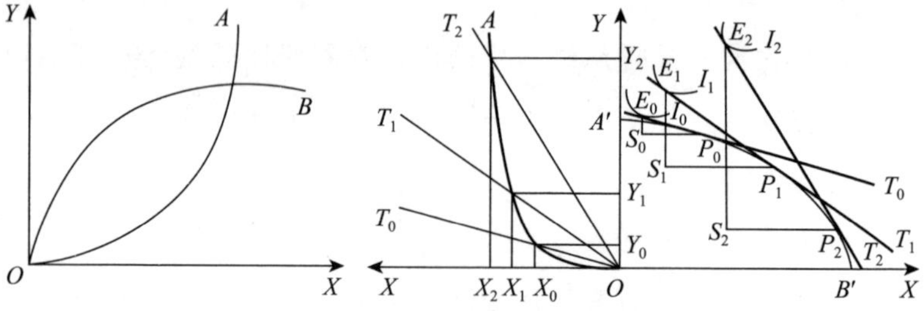

图 2 – 3　提供曲线的推导过程

2. 要素禀赋理论

在古典贸易理论的框架下，技术差异是各个国家的生产成本产生差异的主要原因，然而除了技术差异，仍然存在其他因素共同决定着不同产品的比较优势。斯密和李嘉图的模型中，劳动是唯一的生产投入要素，而现实生产中，资本、土地以及其他生产要素的投入也会对生产成本和劳动生产率产生很大的影响。早在 1919 年，瑞典著名经济学家艾利·赫克歇尔就提出了要素禀赋理论的核心思想。后来，到 20 世纪 30 年代，赫克歇尔的学生柏蒂尔·俄林对这一理论进行了明确且完整的解释。在 20 世纪 50 年代，保罗·萨缪尔森建立了要素禀赋理论的一般均衡形式，推导出了该理论成立的数学条件。要素禀赋理论研究的问题包括很多方面，其中最核心的观点即为赫克歇尔－俄林理论（又称 H－O 定理），该定理认为：一个国家对本国丰裕要素密集型的产品应该出口，而对本国稀缺要素密集型的产品应该进口。

　　图 2－4 展示了在自由贸易条件下的两个国家的均衡。左边的图为本国在自由贸易条件下的均衡。其中，A 点为本国原始的封闭点（无国际贸易），当商品 2 的相对价格在本国上涨时，则生产可能将移动到 B 点，价格曲线作为消费者预算约束穿过 B 点，且在 C 点达到效用最大化。在 B 点的生产和 C 点的消费之间的差额便是商品 1 的进口和商品 2 的出口，如三角

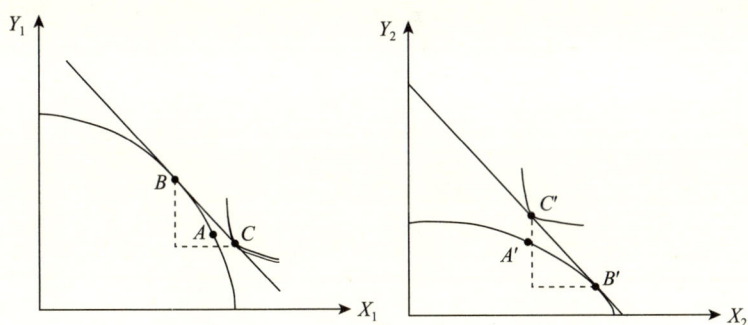

图 2－4　自由贸易条件下的均衡

形部分所示。在外国的贸易模式则正好相反，如图 2－4 右侧图所示，商品 2 的相对价格下降，生产可能将移动到 B′点，在

C'点进行消费，进口商品 2，出口商品 1。此时，本国和外国的"贸易三角形"的大小一样，因为本国的出口必然是外国的进口，从而达到贸易的平衡。

三 本章小结

本章是后面章节的基础内容。本章首先介绍了后面几个章节中的几个核心概念，对这些概念的内涵和外延进行了清晰定义和解释。其中，生态系统服务和非市场价值两个概念主要对应实证章节中非市场价值评估的部分（第六章、第七章），虚拟水贸易足迹这一概念主要对应实证章节中虚拟水贸易足迹的测算部分（第四章、第五章）。

另外，本章还回顾了已有的研究理论基础。其中，福利变动的测量、支付意愿以及选择实验法主要对应水资源非市场价值评估部分，古典国际贸易理论和新古典贸易理论主要对应虚拟水贸易足迹的测算部分。这些理论基础的回顾既是后面实证章节的理论基石，也是第三章中本文理论框架构建的依据所在。

第三章 ◀

纳入非市场价值的虚拟水贸易
理论框架构建

一 问题的提出

由于具有体积较大、不宜运输以及天然性等特点，水资源并不参与国际贸易。起初，一些专家提出利用空间水资源调度的方法解决国家（区域）水资源短缺的问题，但这种方法存在成本巨大和生态破坏等缺点而很难加以实施。后来，英国学者 Allan（2003）发现水资源以虚拟的形式通过农产品等水密集型产品在各个国家或地区之间流动，而虚拟水的进口已经成为水资源短缺国家或地区保护本国（地区）水资源的有效措施。

在讨论区域水资源管理和国际贸易的关系时，一个关键的问题是：国际农产品市场出现了严重的价格扭曲（Hoekstra，2013）。这种扭曲与各个国家（地区）农业部门的直接和间接的补贴有关。目前，大部分补贴涉及的是粮食直补、出口补贴和进口关税等，但很少有人关注水价在农产品价格中被严重低估的事实。全球农业生产消耗的蓝水资源总量占到了蓝水消耗总量的 92%（Mekonnen and Hoekstra，2011）。尽管水资源是必需的农业投入要素，但我国在制定农业生产和贸易政策的时候，并未将水资源的稀缺性和水资源价值的问题纳入政策制定者的视野。如果水资源的价值被持续低估，将会使农产品价格产生更大的扭曲，社会福利遭到严重损害。

水资源承担着生产、生活水资源供给、调节气候、生物多样性保护和户外休闲娱乐等多种生态功能。人们往往重视水资源的市场价值，而忽略那些同样重要的非市场价值。正是这种对水资源非市场价值的忽视，导致水资源的价格被持续低估。现实中水资源利用存在的问题是工农业生产用水大量挤占生态用水，导致出现了一系列的生态环境问题，其根源也是人们对水资源非市场价值的忽视。虚拟水正是为了解决区域水资源短缺（生态环境问题）的嵌入在水密集型产品（如粮食作物）中的不可见的水资源。对区域虚拟水贸易足迹进行非市场价值评估，有助于区域完善水资源管理政策和粮食安全政策。本章将分别从理论上讨论虚拟水贸易足迹测算的理论依据和模型方法，并将非市场价值评估相关理论与虚拟水贸易研究结合，构建一个纳入非市场价值的虚拟水贸易的研究框架。

二　基于比较优势的虚拟水贸易足迹测算

（一）理论依据

1. 比较优势理论依据

在虚拟水贸易的经济学分析层面，更多的学者认为其为比较优势理论的一种应用（Allan，1998；Wichelns，2001；田贵良，2008）。为论证比较优势理论决定虚拟水贸易的作用机理，可以构造以下假设情境加以分析：①区域 W 是一个水资源紧缺的地区，另外存在一个可能与区域 W 有贸易关系的地区 R。存在两种产品 A 和 B，其中 A 为水密集型产品，B 为非水密集型产品；②存在完全竞争的产品市场和要素市场，且不考虑运输成本和可能存在与交易费用的影响；③生产过程中的要素投入分为两大类，即水资源和非水资源（可能为土地、劳动力、资本等）。区域 W 和地区 R 均为水资源短缺的地区。

由于生产技术水平和自然条件的差异，区域 W 和地区 R 生产效率有所不同。假定单位水资源投入在区域 W 可以生产 a_1 单位的 A 产品或 b_1 单位的 B 产品，而在地区 R 可以生产 a_2 单位的 A 产品或 b_2 单位的 B 产品。若 $a_1 > a_2$ 且 $b_1 > b_2$，则区域 W 在生产 A、B 两种产品上均具有绝对优势。如果从机会成本的角度看，在区域 W 每生产单位 A 产品的机会成本可以表示为 b_1/a_1 单位的 B 产品，每生产单位 B 产品的机会成本可以表示为 a_1/b_1 单位的 A 产品。同理，地区 R 每生产单位 A 产品的机会成本可以表示为 b_2/a_2 单位的 B 产品，每生产单位 B 产品的机会成本可以表示为 a_2/b_2 单位的 A 产品。如果 $b_1/a_1 > b_2/a_2$，即区域 W 生产 A 产品的机会成本高于地区 R，可以得出 $a_1/b_1 > a_2/b_2$，即区域 W 在 B（非水密集型）产品生产上具有比较优势，而地区 R 在 A（水密集型）产品生产上具有比较优势。

在有限水资源的约束下，区域 W 可以选择全部生产 A 产品（a_1 单位）、全部生产 B 产品（b_1 单位）或是满足有限水资源约束的两种产品的线性组合，上述两个端点和其他可能的线性组合决定了区域 W 的可能生产边界 P_1，同理也可以得到地区 R 的可能生产边界 P_2。分别以 A、B 两种产品的产量为坐标轴，构建两地的生产可能性曲线，如图 3-1 所示。在前文的前提假定下，地区 R 的生产可能性曲线比区域 W 更为陡峭。

在这样的前提下，两地区专业化生产各自的比较优势产品并进行相互贸易的生产策略理论上会促进双方的福利改进。区域 W 中 B 产品对地区 R 中 A 产品的交易比率应该介于两地区生产 B 产品的机会成本之间，这样就可以得到两地区贸易之后新的生产可能性曲线 P_1^* 和 P_2^*。区域 W 和地区 R 新的生产可能性曲线均位于原来的生产可能性曲线之上，说明两地区均可以通过专业化生产和自由贸易扩大收益，且对于区域 W 来说，通过贸易能够在一定程度上缓解区域水资源短缺的问题。

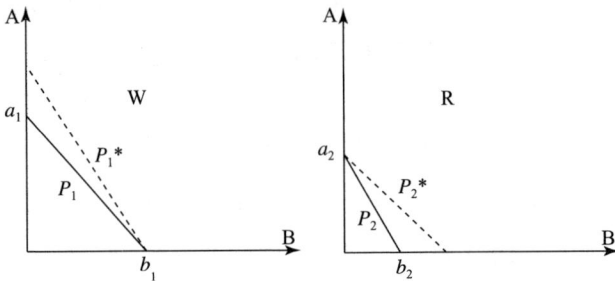

图 3-1　虚拟水贸易经济学理论分析

然而，对于粮食作物这种水密集型产品，在通过虚拟水贸易战略解决区域内部水资源短缺问题的同时，也应该考虑到以下几个问题。①区域粮食大量进口会带来区域粮食自给率下降的风险，对于我国而言，粮食自给率从政治角度来看是非常重要的。我国的粮食主产区往往分布在各大流域之内，从这个角度来看，流域粮食安全是国家粮食安全的基本保证。②区域粮食大量进口会对区域农业部门带来不利影响，粮食过度进口会导致农民市民化，同时也会带来经济下滑、农村土地恶化等风险。③在许多水资源短缺的干旱地区，农业补贴是农业生产的重要组成部分，粮食进口可能会威胁依靠补贴生活的农民的生计，减少穷人获得粮食的机会。基于以上几点考虑，区域在制定基于虚拟水贸易战略解决水资源短缺生态环境问题的同时，也应该考虑区域粮食安全的可靠保证。

2. 其他理论依据

比较优势理论是虚拟水贸易测算的基础理论，除了比较优势理论和要素禀赋理论等经典贸易理论基础以外，也有学者认为虚拟水贸易的应用是"资源流动理论"和"资源替代理论"的体现（马博虎，2010）。

资源流动理论的具体内涵是，在人类社会活动过程中，在（农业）产业链各环节或者不同的区域之间（水）资源发生运动、转移和转化的全过程。其中包括（水）资源在不同区域由于空间地理势能的作用发生的空间位移（即横向流动）；（水）资源在原始状态、生产加工、消费使用并最终遭到废弃的整个动态变化过程中发生的形态、功能和价值的转化（即纵向流动）（Wuppertal Institute for Climate，2005）。资源流动理论是一个涉及生态学、经济学、社会学等多学科交叉的领域，体现了资源生态系统动态性、整体性和综合性等特点。英国学者 Chambers 等（2005）构建了一个与国家（地区）经济活动密切相关的资源流动的概念研究框架（见图 3-2）。

根据 Chambers 等人的分析框架，水资源流动涉及的资源包括水资源本身和生产过程中需要水资源的水密集型产品（如粮食作物）。水资源可以直接被消费者消费，也可以经过加工生产水密集型产品。同时，对水资源和水密集型产品的消费过程会产生废料和废气。水资源流动过程中也包含隐形流动，即存在没有被直接消费或形成产品的水资源。经济生产活动中也会对水资源进行存储，即为流入和流出农业生产过程中水资源的差值（成升魁、甄霖，2007）。

资源替代理论可以理解为另外一个对虚拟水贸易足迹测算

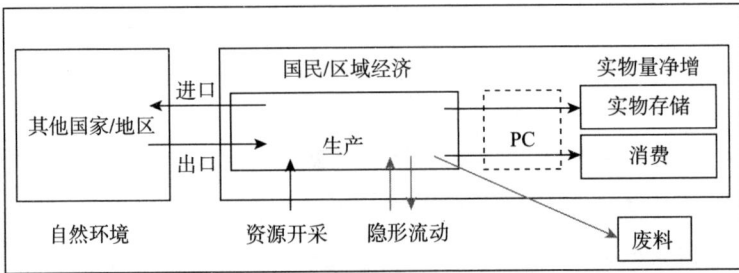

图 3 - 2　资源流动理论分析概念框架

资料来源：Chambers et al.（2005）。

理论依据的补充。资源替代原本是指在技术进步的前提下，一种新的资源替代旧的资源时在资源利用效率上的提高，后来人们将资源替代的含义进行了扩充，认为"资源替代"也可以指在生产规模扩大的同时，国家（区域）外部资源对内部资源的替代，其本质也是在要素禀赋理论的基础上，认为外部资源比内部资源的利用效率更高，其本质是一种资源功能的替代（姚治君等，2004；马博虎，2010）。

（二）模型方法

目前已有的关于粮食作物虚拟水定量测算的方向大概可以分为两种：一种是从生产者的角度出发，将虚拟水测算为在水密集型产品（粮食作物）生产地生产该产品时实际需要使用的水资源量；另一种是从消费者的角度出发，将虚拟水测算为在水密集型产品（粮食作物）消费地生产同等质量的产品需要消耗的水资源量。其中，第一种测算方法能够反映粮食作物生产地的自然生产条件和农业用水效率等因素，其测算结果可以指导当地农业生产部门更好地进行水资源有效配置和利用。第二种测算方法能够反映采取贸易战略后节约的本地水资源量，其测算结果可以指导当地农业生产部门更好地调整和实施进口替代战略（刘幸菡、吴国蔚，2005）。其中，有关粮食作物虚拟水计算的方法较为统一，即根据联合国粮农组织（FAO）发布的不同粮食作物的需水量资料计算不同国家（地区）的每种粮食作物的虚拟水含量，其计算如式（3-1）所示。

$$SWD(n,c) = \frac{CWR(n,c)}{CY(n,c)} \qquad (3-1)$$

其中，$SWD(n,c)$ 表示区域 n 中粮食作物 c 的虚拟水含量，单位为 m^3/t；$CWR(n,c)$ 表示区域 n 中粮食作物 c 生长期内每公顷的需水量，单位为 m^3/hm^2；$CY(n,c)$ 表示区域 n 中粮食作物 c 的产量，单位为 t/hm^2。粮食作物需水量 CWR 是指粮食作物整个生长期内累计的土壤蒸发量 ET_c，其计算如式（3-2）所示。

$$ET_c = ET_0 \times k_c \qquad (3-2)$$

其中，ET_c 表示区域 n 中粮食作物 c 生长期内的累计土壤蒸发量，单位为 mm/d；k_c 表示粮食作物系数，指该粮食作物相对于参考作物的覆盖度和表面粗糙等差异，表现为该粮食作物与参考作物在物理和生理特性上的不同，可以利用《中国主要农作物需水量等值线图》和《中国主要农作物需水量和灌溉》等资料来确定；ET_0 表示参考作物的土壤蒸发量，单位为 mm/d，由 FAO 规定的彭曼方程计算得出，这里所需要的各国家（地区）的气候参数可以由 FAO 给出的 CLIMWAT 数据库获取，其计算如式（3-3）所示：

$$ET_0 = \frac{0.408 \times \Delta(R_n - G) + r\dfrac{900}{T + 273}(e_a - e_d)}{\Delta + r(1 + 0.34U_2)} \qquad (3-3)$$

其中，ET_0 表示参考作物的土壤蒸发量，单位为 mm/d；R_n 表示作物表面的净辐射，单位为 MJ/m^{2}d；G 表示土壤热通量，单位为 MJ/m^{2}d；T 表示作物生长地区的平均温度，单位为℃；U_2 表示作物生长地区的 2 米高度处的风速，单位为 m/s；e_a 表示饱和的水蒸气压力，单位为 KPa；e_d 表示实际的水蒸气压力，单位为 KPa；$e_a - e_d$ 即为饱和水蒸气压力差，单位为 KPa；Δ 表示饱和水汽压－温度曲线的斜率，单位为 KPa/℃；r 表示干湿表常数，单位为 KPa/℃。

三　纳入非市场价值的虚拟水贸易足迹框架

本书第二章介绍了虚拟水贸易足迹非市场价值研究的相关理论基础。在福利经济学、古典贸易理论以及新古典贸易理论的分析框架下，本章第二节将古典贸易理论中的比较优势理论与虚拟水贸易相结合，分析了虚拟水贸易测算的经济学理论依据，介绍了资源流动理论和资源替代理论两个与虚拟水贸易足迹测算相关的其他理论，并指出了虚拟水测算的模型方法。

本节在前文分析的基础上，建立了一个纳入非市场价值的虚拟水贸易研究的分析框架（见图 3 - 3）。在以往的虚拟水贸易量化研究中，只是从虚拟水贸易量的测算方法上进行了尝试和补充完善（Oel et al.，2009；程中海，2013；郑和祥等，2016），而忽略了虚拟水贸易研究的价值量的测算。从水资源优化配置政策制定角度考虑，虚拟水贸易价值量的测算能够为政策制定者提供更多的信息和参考依据。而虚拟水贸易的非市场价值更应该是环境政策制定中的关注焦点，将水资源的非市场价值纳入虚拟水贸易足迹的研究中是对原有虚拟水贸易研究框架的延伸和完善。

在理论层面，虚拟水贸易的研究是比较优势理论和要素禀赋理论应用的体现，而将水资源价值研究纳入虚拟水贸易研究的框架则是对比较优势理论和要素禀赋理论的进一步解释和补充完善。无论是价值理论还是贸易理论，都是建立在自然资源稀缺的视角对水资源的优化配置问题进行探讨，二者之间在理论上的有机关联能够更好地解释古典贸易理论和新古典贸易理论。

在政策层面，将水资源非市场价值纳入粮食作物虚拟水贸易的分析框架对流域水资源配置政策和粮食安全政策的制定和完善具有指导意义。在水资源配置政策中，主要是通过虚拟水贸易足迹市场价值和非市场价值的对比分析，可以将虚拟水（通过粮食作物贸易为流域节约的水资源）的利用在农业生产和生态补给之间进行有效配置，以达到社会效益的最大化。在粮食安全政策中，主要是通过虚拟水贸易足迹非市场价值的测算，对农业用水价格和粮食价格起到修正的作用。

根据前文在粮食作物虚拟水贸易研究中纳入非市场价值的必要性分析，以及纳入非市场价值的虚拟水贸易研究框架的构建，本节拟对框架中的研究内容分为三个主要部分：流域粮食作物虚拟水贸易足迹测算、流域水资源非市场价值研究、粮食作物虚拟水贸易足迹非市场价值影响因素分析。每个部分的具体研究内容和提出的对应的假设如下。

（一）　流域粮食作物虚拟水贸易足迹测算

图 3-3 中基础部分的研究为流域粮食作物虚拟水贸易足迹的测算。在不考虑流域粮食作物库存的情况下，用粮食作物的消费量减去其生产量可以得到流域粮食作物的进口量。再用

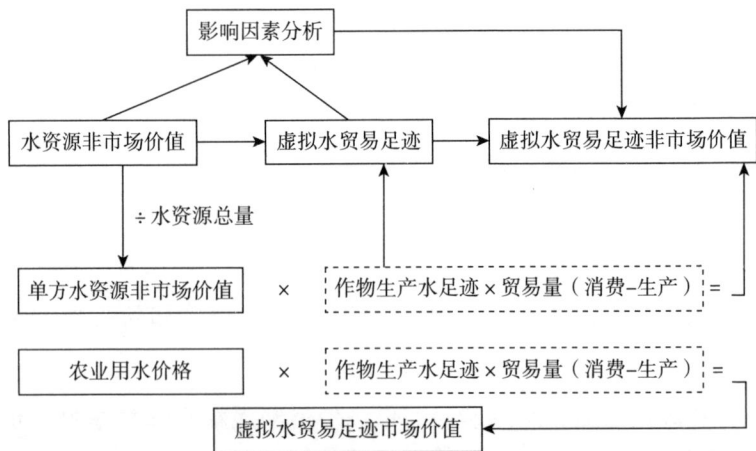

图 3 - 3　纳入非市场价值的虚拟水贸易研究框架

该进口量的数值乘以相应粮食作物的生产水足迹，即可以得到该粮食作物的虚拟水贸易足迹值。用测算的粮食作物虚拟水贸易足迹值乘以农业用水价格，即可以得到流域粮食作物虚拟水贸易足迹的市场价值。该部分对应的内容为本书的第四章。

　　根据比较优势理论和要素禀赋理论，在该部分做出如下假设：流域若为水资源禀赋不足地区，则会通过虚拟水贸易战略，进口水密集型产品（如粮食作物）来解决流域水资源短缺的生态环境问题，即水密集型产品（如粮食作物）的进口能够缓解流域水资源短缺的压力，为流域节约一定数量的水资源；如若该部分节约下来的水资源在流域水资源配置过程中用于农业生产用水，则流域粮食作物虚拟水存在一定的市场价值。

（二）流域水资源非市场价值研究

　　图 3 - 3 中的水资源非市场价值是指水资源生态系统服务的非市场价值，该部分运用选择实验法，以渭河流域为例，对水资源生态系统服务的非市场价值进行评估。评估结果可以得

到流域居民对流域水资源生态系统服务各个生态功能属性的支付意愿（隐含价格），以及对流域生态环境改善的整体支付意愿（补偿剩余）。其中，对流域水资源各个生态功能属性的支付意愿的研究可以揭示流域居民对生态环境属性的偏好以及偏好的异质性；对流域生态环境改善的整体支付意愿的研究可以用来估算流域水资源的非市场价值。用这一非市场价值评估的结果除以流域水资源的总量，可以得到流域单方（单位重量）水资源的非市场价值，再用单方水资源的非市场价值乘以测算的粮食作物虚拟水贸易足迹值，即可以得到流域虚拟水贸易足迹的非市场价值。通过流域虚拟水贸易足迹的非市场价值与第四章中市场价值测算结果的对比，对流域虚拟水资源配置政策的制定和完善具有指导意义。该部分对应的内容为本书的第五章。

根据兰开斯特消费者理论和随机效用理论，在该部分做出如下假设：①公众（水资源消费者）对流域水资源的各生态功能属性都存在显著的偏好，且这些偏好在公众之间呈现显著的异质性；②公众（水资源消费者）对不同流域水资源的生态功能属性支付意愿存在显著的差异；③公众（水资源消费者）对流域水资源整体生态系统服务的改善具有支付意愿；④通过粮食作物虚拟水贸易战略为流域节约的水资源如若用作生态补给用水，则该粮食作物虚拟水存在一定的非市场价值。

（三）粮食作物虚拟水贸易足迹非市场价值影响因素分析

研究框架在对流域粮食作物虚拟水贸易足迹非市场价值进行测算以后，需要分析流域粮食作物虚拟水贸易足迹非市场价值的影响因素。根据已有文献的分析和研究区域的实际情况，分别在理论上寻求流域粮食作物虚拟水贸易足迹和流域水资源非市场价值的影响因素，并构建模型进行实证分析和检验。该部分对应的内容为本书的第六章。

根据已有文献和理论上的分析，在该部分做出如下假设。①流域粮食作物虚拟水贸易足迹影响因素部分：流域粮食作物虚拟水贸易足迹值的大小受到流域自然因素、社会因素、经济因素以及政策因素的影响，且不同因素对流域粮食作物虚拟水贸易足迹的影响程度不同。②流域水资源非市场价值影响因素部分：流域居民对流域水资源生态系统服务的支付意愿主要受到居民个体特征变量、居民家庭特征变量、居民生活环境变量以及居民生态环境认知变量的影响，且不同变量对水资源生态系统服务支付意愿的影响方向和大小有所不同。

四　本章小结

本章在总结了基于比较优势的虚拟水贸易足迹测算的理论依据和模型方法的基础上，构建了一个纳入非市场价值的流域粮食作物虚拟水贸易研究框架。在分析了将非市场价值研究纳入粮食作物虚拟水贸易足迹研究的必要性的基础上，分别从流域粮食作物虚拟水贸易足迹测算、流域水资源非市场价值研究和粮食作物虚拟水贸易足迹非市场价值影响因素分析三个方面归纳了框架实证分析的研究主体内容（分别对应于本书的第四、五、六章）。

在三章（第四、五、六章）实证分析的基础上，本书第七章主要探讨在虚拟水贸易视角下，如何构建流域水资源管理的相应方案，并进一步结合非市场价值评估的结果对水价问题进行定性讨论。本书第八章在前面实证分析的基础上，对研究的结果进行总结归纳，并对流域水资源管理和流域粮食安全政策提出相应的政策建议。

第四章 ◀
中国粮食生产水足迹现状

一 引言

根据国家统计局统计数据，我国粮食产量 2016 年止步于
"十二连增"，2016 年全年全国粮食总产量为 61624 万吨，比
2015 年减少 520 万吨，下降 0.8%，但仍然是第二个历史高产
年。农业是用水大户，大量的农业用水挤占了居民的生活用水
和生态用水。现如今，如何在保障农业用水零增长，甚至是负
增长的前提下，确保我国粮食安全生产，已经成为我们面临的
且不得不解决的重大战略性问题。

自 20 世纪 90 年代以来，我国传统的"南粮北运"开始向
"北粮南运"转变，打破了我国长期以来的"湖广熟，天下足"
的历史现实。这种"北粮南运"的局势在未来还会出现持续增
长的趋势，这无疑给我国北方的粮食生产带来了巨大的用水压
力，也给我国的粮食生产带来了严峻的挑战。为此，很多学者
开始关注我国粮食生产过程中的用水情况，吴普特等（2010，
2011，2012，2013，2014）从 2010 年开始对我国粮食生产的水
足迹与区域虚拟水流动情况进行逐年报告，并对每一年的粮食

生产和粮食水足迹情况与上一年进行对比，为国家和地方政府发展节水农业与粮食生产提供了有力的参考依据；田园宏等（2013）基于彭曼公式对单种粮食作物绿水和蓝水水足迹值进行计算，介绍了省际范围、国内生产、国际贸易以及国内消费水足迹值的计算方法，测算了1978—2010年33年内的稻谷、小麦、玉米、大豆和高粱5种主要粮食作物的上述4种水足迹值，为后来全国范围和各地区之间的粮食作物水足迹测算提供了参考依据；操信春等（2014）以1998年、2005年和2009年我国459个灌区资料为基础，从区域尺度计算了粮食生产水足迹，对灌区粮食生产和水资源利用之间的关系进行了评价，并对各省区粮食生产与农业用水发展方向进行了讨论；孙世坤等（2016）基于局域水足迹理论，量化研究了中国大陆主要粮食作物重量、能量和蛋白质水足迹，评价了各作物间和区域间三种水足迹的差异，研究结果为解决粮食生产水危机提供了数据参考。

　　针对于此，本章以2014年我国粮食生产为例，在统计描述2014年我国粮食生产面积、产量和单产水平的基础上，综合评价各省区之间粮食水足迹的情况，并进一步讨论各区域粮食虚拟水流动情况。本章中有关粮食生产方面的数据均来自《中国统计年鉴》，有关粮食作物水足迹计算方面的气象、农业用水量等数据来自《中国水资源公报》《中国水利年鉴》《中国水利统计年鉴》以及中国气象科学数据共享网[①]。

二　粮食生产情况

　　2014年，中国粮食总产量持续增长，实现了半个世纪以

---

① 中国气象科学数据共享网网址为 http://cdc.cma.gov.cn/index.jsp。

来的"十一连增"。"十一连增"的成绩是在国内农业资源约束日趋紧张、农业生产成本持续上升、国内外农产品价格差逐步拉大、农业灾害多发重发等背景下取得的。因此，"十一连增"彰显了我国农业的综合生产能力，见证了我国农业科技发展的突飞猛进。"十一连增"不仅保障了我国的粮食安全，真正做到了谷物基本自给，口粮绝对安全，而且为保障世界粮食安全、维护国际粮食市场稳定做出了重要的贡献。

从统计数据来看，2014 年我国粮食[①]播种面积达到了11272.25 万 hm^2，较 2013 年增加 76.69 万 hm^2，增幅为 0.69%；2014 年我国粮食平均单产为 5385.14 kg/hm^2，较 2013 年提高8.55 kg/hm^2，增幅为 0.16%；2014 年我国粮食总产量达到60702.6 万吨，较 2013 年增产 508.6 万吨，增幅为 0.84%[②]。

从粮食生产的区域差异来看，北方粮食产量明显高于南方（北方粮食总产量为 33835.4 万吨，占全国粮食总产量的55.74%；南方粮食总产量为 26867.2 万吨，占全国粮食总产量的 44.26%）。全国 70%以上的粮食生产来源于黄淮海地区、东北地区和长江中下游地区。与 2013 年相比，除了华北地区和东北地区粮食产量有所下降（降幅分别为 0.82%和 1.66%）以外，其他地区的粮食产量均有所增加。下面将分别从粮食播种面积、粮食总产量和粮食单产三个角度介绍 2014 年我国各省级行政区的粮食生产情况。

（一）各省级行政区粮食播种面积

表 4-1 列出了 2014 年我国各省级行政区粮食的播种面积、

---

① 这里的粮食包括稻谷、小麦、玉米、豆类、薯类等。
② 数据来源于《中国统计年鉴》(2015)，下同。

排名及各省份占我国粮食播种面积的比例。从表4－1可以看出，2014年黑龙江省粮食播种面积最大，为1169.64万hm²，占到全国播种总面积的10.38%，超过了全国播种面积的1/10，相当于广东、新疆等排名后12位的省级行政区的播种面积的总和；粮食播种面积比例为全国播种面积的5%—10%的有河南、山东、安徽、四川、河北和内蒙古6个省份；粮食播种面积占全国播种面积的1%—5%的有江苏、吉林等17个省份；粮食播种面积占全国播种面积不到1%的有宁夏、海南等7个省份；其中西藏、上海和北京的粮食播种面积较小，播种面积分别为17.64万hm²、16.49万hm²和12.02万hm²，分别占全国播种总面积的0.16%、0.15%和0.11%。

表4－1　2014年各省级行政区粮食播种面积及其比例

排序	省级行政区	粮食播种面积（万hm²）	占全国播种面积的比例（%）
1	黑龙江	1169.64	10.38
2	河南	1020.98	9.06
3	山东	744.00	6.60
4	安徽	662.89	5.88
5	四川	646.74	5.74
6	河北	633.20	5.62
7	内蒙古	565.10	5.00
8	江苏	537.61	4.77
9	吉林	500.07	4.44
10	湖南	497.51	4.41
11	云南	450.82	4.00
12	湖北	437.04	3.88
13	江西	369.73	3.28

排序	省级行政区	粮食播种面积 （万 hm²）	占全国播种面积的 比例（%）
14	山西	328.64	2.92
15	辽宁	323.51	2.87
16	贵州	313.84	2.78
17	陕西	307.65	2.73
18	广西	306.77	2.72
19	甘肃	284.25	2.52
20	广东	250.70	2.22
21	新疆	225.59	2.00
22	重庆	224.25	1.99
23	浙江	126.68	1.12
24	福建	119.77	1.06
25	宁夏	77.13	0.68
26	海南	39.40	0.35
27	天津	34.58	0.31
28	青海	28.01	0.25
29	西藏	17.64	0.16
30	上海	16.49	0.15
31	北京	12.02	0.11

数据来源：《中国统计年鉴》。

（二）各省级行政区粮食总产量

表 4 - 2 列出了 2014 年我国各省级行政区粮食总产量、排名及各省份粮食总产量占全国总产量的比例。从表 4 - 2 可以看出，2014 年各省级行政区之间的粮食总产量存在较大的差异。粮食总产量最多的为黑龙江省，其粮食总产量为 6242.2

万 t，占全国总产量的 10. 28%；粮食总产量达到 3000 万 t 以上的省级行政区除了黑龙江，还有河南、山东、吉林、江苏、安徽、四川、河北和湖南 8 个省份。粮食总产量在 2000 万 t 到 3000 万 t 之间的省级行政区有内蒙古、湖北和江西 3 个省份（粮食总产量分别为 2753. 0 万 t、2584. 2 万 t 和 2143. 5 万 t）；粮食总产量在 1000 万 t 到 2000 万 t 之间的省级行政区有云南、辽宁等 10 个省份；粮食总产量小于 1000 万 t 的省级行政区有浙江、福建等 9 个省份，其中粮食总产量最小的为北京（63. 9 万 t，占全国总产量的 0. 11%）。

中国粮食总产量较高的省级行政区主要集中在地势相对平坦、农业生产水平相对较高的东北地区、黄淮海地区以及长江中下游地区，而粮食总产量小的省级行政区多为经济发达、耕地面积小的直辖市（如北京、上海、天津）和牧业发达而种植业相对落后的青藏地区。

表 4 – 2　2014 年各省级行政区粮食总产量及其比例

排序	省级行政区	粮食总产量（万 t）	占全国粮食总产量的比例（%）
1	黑龙江	6242. 2	10. 28
2	河南	5772. 3	9. 51
3	山东	4596. 6	7. 57
4	吉林	3532. 8	5. 82
5	江苏	3490. 6	5. 75
6	安徽	3415. 8	5. 63
7	四川	3374. 9	5. 56
8	河北	3360. 2	5. 54
9	湖南	3001. 3	4. 94
10	内蒙古	2753. 0	4. 54

排序	省级行政区	粮食总产量（万 t）	占全国粮食总产量的比例（%）
11	湖北	2584.2	4.26
12	江西	2143.5	3.53
13	云南	1860.7	3.07
14	辽宁	1753.9	2.89
15	广西	1534.4	2.53
16	新疆	1414.5	2.33
17	广东	1357.3	2.24
18	山西	1330.8	2.19
19	陕西	1197.8	1.97
20	甘肃	1158.7	1.91
21	重庆	1144.5	1.89
22	贵州	1138.5	1.88
23	浙江	757.4	1.25
24	福建	667.0	1.10
25	宁夏	377.9	0.62
26	海南	186.6	0.31
27	天津	176.0	0.29
28	上海	112.5	0.19
29	青海	104.8	0.17
30	西藏	98.0	0.16
31	北京	63.9	0.11

数据来源：《中国统计年鉴》。

（三）各省级行政区粮食单产

粮食单产，即为单位播种面积内的粮食产量，是衡量粮食生产水平的重要指标。表4-3列出了2014年我国各省级行政区粮食单产情况、排名及各省级行政区与全国平均水平的差值。从表4-3可以看出，2014年全国有14个省级行政区的粮食单产水平高于全国平均水平（5385.14 kg/hm²），其中吉林最高，达到7064.61 kg/hm²，超出全国平均水平的31.19%；粮食单产在6000 kg/hm²以上的省级行政区除了吉林，还有上海、江苏、新疆、山东和湖南；粮食单产在全国平均水平之上的除了以上省级行政区以外，还有浙江、湖北、江西等8个省份；粮食单产低于全国平均水平的共有17个省级行政区，其中粮食单产高于5000 kg/hm²的有黑龙江、北京、河北等8个省份；粮食单产为4000—5000 kg/hm²的包括宁夏、内蒙古、海南等6个省份；粮食单产在4000 kg/hm²以下的有陕西（3893.39 kg/hm²）、青海（3741.52 kg/hm²）和贵州（3627.64 kg/hm²）。

表4-3　2014年各省级行政区粮食单产及其与
全国平均水平的比较

排序	省级行政区	粮食单产（kg/hm²）	与全国平均水平的差值（kg/hm²）
1	吉林	7064.61	1679.47
2	上海	6822.32	1437.18
3	江苏	6492.81	1107.67
4	新疆	6270.22	885.08
5	山东	6178.23	793.09
6	湖南	6032.64	647.50
7	浙江	5978.84	593.70
8	湖北	5912.96	527.82
9	江西	5797.47	412.33
10	河南	5653.69	268.55

排序	省级行政区	粮食单产 （kg/hm²）	与全国平均水平的差值 （kg/hm²）
11	福建	5569.01	183.87
12	西藏	5555.56	170.42
13	辽宁	5421.47	36.33
14	广东	5414.04	28.90
15	黑龙江	5336.86	-48.28
16	北京	5316.14	-69.00
17	河北	5306.70	-78.44
18	四川	5218.33	-166.81
19	安徽	5152.89	-232.25
20	重庆	5103.68	-281.46
21	天津	5089.65	-295.49
22	广西	5001.79	-383.35
23	宁夏	4899.52	-485.62
24	内蒙古	4871.70	-513.44
25	海南	4736.04	-649.10
26	云南	4127.37	-1257.77
27	甘肃	4076.34	-1308.80
28	山西	4049.42	-1335.72
29	陕西	3893.39	-1491.75
30	青海	3741.52	-1643.62
31	贵州	3627.64	-1757.50

数据来源：《中国统计年鉴》。

三 粮食生产水足迹情况

粮食生产水足迹为生产单位质量粮食所消耗的水资源数

量，包括粮食生产蓝水足迹和粮食生产绿水足迹。粮食生产蓝（绿）水足迹可以表述为生产单位质量粮食所消耗的蓝（绿）水资源数量[①]。

2014 年，我国粮食生产水足迹为 1.120m³/kg，较 2013 年减少 2.32%，其中粮食生产蓝水足迹为 0.468m³/kg，较 2013 年减少 1.23%；粮食生产绿水足迹为 0.652m³/kg，较 2013 年减少 3.16%。2014 年中国粮食水足迹为 6799.7 亿 m³，较 2013 年减少 1.49%，其中蓝水足迹为 2844.3 亿 m³，较 2013 年减少 0.27%；绿水足迹为 3955.4 亿 m³，较 2013 年减少 2.35%。

下面将分别从 2014 年我国各省级行政区粮食生产水足迹和粮食水足迹两个角度进行统计描述分析。

（一）各省级行政区粮食生产水足迹

表 4 - 4 列出了 2014 年我国各省级行政区的粮食生产水足迹情况（包括粮食生产的蓝水足迹和绿水足迹）。从粮食生产水足迹值来看，全国有 19 个省级行政区的粮食生产水足迹值高于全国平均水平，有 12 个省级行政区的粮食生产水足迹值低于全国平均水平。其中粮食生产水足迹值在 2.0m³/kg 以上的省级行政区有海南（2.236m³/kg）、广东（2.078m³/kg）和广西（2.045m³/kg）3 个，均为我国华南地区；粮食生产水足迹值为 1.5—2.0m³/kg 的省级行政区有西藏（1.804m³/kg）、青海（1.776m³/kg）和贵州（1.672m³/kg）3 个；粮食生产水足迹值为 1.0—1.5m³/kg 的省级行政区有 18 个，占到大多数；粮食生产水足迹值小于 1.0m³/kg 的省级行政区有天津、北京、吉林、河北、

① 有关粮食生产水足迹（包括蓝水足迹和绿水足迹）的内涵和计算方法参考吴普特等的《2014 中国粮食生产水足迹与区域虚拟水流动报告》附录部分。

河南、山东和山西 7 个省份，其中山西最小，为 0.673m³/kg。总体来看，我国北方省份的粮食生产水足迹明显小于南方。

从粮食生产蓝水足迹来看，2014 年我国有 17 个省级行政区的粮食生产蓝水足迹值高于全国平均水平，14 个省级行政区的粮食生产蓝水足迹值低于全国平均水平。其中，粮食生产蓝水足迹值大于 1.0m³/kg 的有海南、新疆、西藏、广东和广西 5 个省级行政区；粮食生产蓝水足迹为 0.5—1.0m³/kg 的有青海、宁夏、福建等 11 个省级行政区；粮食生产蓝水足迹小于 0.5m³/kg 的有 15 个省级行政区，其中河南的最低，为 0.160m³/kg。

从粮食生产绿水足迹来看，2014 年我国有 15 个省级行政区的粮食生产绿水足迹值高于全国平均水平，16 个省级行政区的粮食生产绿水足迹值低于全国平均水平。其中贵州的粮食生产绿水足迹最高，高达 1.392m³/kg，其余省级行政区的粮食生产绿水足迹均低于 1.0m³/kg；新疆的粮食生产绿水足迹最低，为 0.184m³/kg。各省级行政区的粮食生产绿水足迹分布特征基本与我国降水量格局保持一致，由东南向西北呈现递减趋势。

表 4-4　2014 年各省级行政区粮食生产水足迹

省级行政区	粮食生产水足迹（m³/kg）	粮食生产蓝水足迹（m³/kg）	粮食生产绿水足迹（m³/kg）
北京	0.933	0.475	0.458
天津	0.962	0.501	0.461
山西	0.673	0.286	0.387
内蒙古	1.022	0.429	0.593
辽宁	1.044	0.448	0.596
吉林	0.781	0.260	0.521

省级行政区	粮食生产水足迹 （m³/kg）	粮食生产蓝水足迹 （m³/kg）	粮食生产绿水足迹 （m³/kg）
黑龙江	1.297	0.553	0.744
河北	0.756	0.329	0.436
河南	0.717	0.160	0.557
山东	0.684	0.254	0.430
安徽	1.280	0.331	0.949
陕西	1.240	0.358	0.882
甘肃	1.073	0.542	0.531
青海	1.776	0.929	0.847
宁夏	1.467	0.788	0.679
新疆	1.494	1.310	0.184
上海	1.311	0.703	0.608
浙江	1.399	0.742	0.657
福建	1.463	0.782	0.681
江苏	1.289	0.615	0.674
湖北	1.217	0.455	0.762
湖南	1.176	0.584	0.592
江西	1.275	0.679	0.596
广东	2.078	1.198	0.880
广西	2.045	1.165	0.880
海南	2.236	1.453	0.783
重庆	1.027	0.210	0.817
四川	1.002	0.376	0.626
贵州	1.672	0.280	1.392
云南	1.321	0.346	0.975
西藏	1.804	1.245	0.559

省级行政区	粮食生产水足迹 （m³/kg）	粮食生产蓝水足迹 （m³/kg）	粮食生产绿水足迹 （m³/kg）
全国	1.120	0.468	0.652

数据来源：作者根据《中国统计年鉴》《中国水资源公报》《中国水利年鉴》《中国水利统计年鉴》中的数据按公式计算所得。

（二）各省级行政区粮食作物水足迹

粮食水足迹为某一地区在一定时间内（通常为 1 年）因生产粮食所消耗的水资源总量（包括粮食蓝水足迹和粮食绿水足迹）。粮食蓝（绿）水足迹可以表述为某一地区在一定时间内（通常为 1 年）因生产粮食所消耗的蓝（绿）水资源总量。

2014 年，我国粮食水足迹为 6799.7 亿 m³，较 2013 年减少 1.49%，其中粮食蓝水足迹为 2844.3 亿 m³，较 2013 年减少 0.27%，粮食绿水足迹为 3955.4 亿 m³，较 2013 年减少 2.35%。

表 4-5 列出了 2014 年我国各省级行政区的粮食水足迹情况（包括粮食的蓝水足迹和绿水足迹）。从表 4-5 可以看出，在各省级行政区中，2014 年黑龙江的粮食水足迹最大，为 809.8 亿 m³，明显高于其他省级行政区，占全国粮食水足迹的 11.91%；其次为江苏（449.8 亿 m³）、安徽（437.2 亿 m³）和河南（414.1 亿 m³）；粮食水足迹在 300 亿—400 亿 m³ 的有湖南、四川、湖北、山东和广西 5 个省级行政区；粮食水足迹最小的省级行政区为北京，仅为 6.0 亿 m³，占全国粮食水足迹的 0.09%。

从粮食蓝水足迹来看，粮食蓝水足迹最大的省级行政区依然为黑龙江，为 345.5 亿 m³，占全国粮食蓝水足迹的 12.16%；其次是江苏（214.6 亿 m³），占全国粮食蓝水足迹的 7.55%；

粮食蓝水足迹最小的依然是北京（3.0 亿 m^3），仅占全国粮食
蓝水足迹的 0.11%。

从粮食绿水足迹来看，粮食绿水足迹最大的省级行政区同
样为黑龙江，为 464.3 亿 m^3，占全国粮食绿水足迹的 11.74%；
其次是安徽和河南，粮食绿水足迹值分别为 324.1 亿 m^3 和 321.6
亿 m^3，分别占到全国粮食绿水足迹的 8.19% 和 8.13%；粮食绿
水足迹最小的依然是北京（3.0 亿 m^3），仅占全国粮食绿水足迹
的 0.07%。

表 4 – 5　2014 年各省级行政区粮食作物水足迹

省级行政区	粮食水足迹 （亿 m^3）	粮食蓝水足迹 （亿 m^3）	粮食绿水足迹 （亿 m^3）
北京	6.0	3.0	3.0
天津	16.9	8.8	8.1
山西	89.5	38.0	51.5
内蒙古	281.3	118.1	163.2
辽宁	183.1	78.6	104.5
吉林	267.0	91.8	184.2
黑龙江	809.8	345.5	464.3
河北	257.2	110.5	146.7
河南	414.1	92.5	321.6
山东	314.5	116.7	197.8
安徽	437.2	113.1	324.1
陕西	148.5	42.9	105.6
甘肃	124.3	62.7	61.6
青海	18.6	9.7	8.9
宁夏	55.4	29.8	25.6
新疆	211.3	185.2	26.1

省级行政区	粮食水足迹 （亿 m³）	粮食蓝水足迹 （亿 m³）	粮食绿水足迹 （亿 m³）
上海	14.7	7.9	6.8
浙江	106.0	56.2	49.8
福建	97.6	52.2	45.4
江苏	449.8	214.6	235.2
湖北	314.5	117.6	196.9
湖南	353.1	175.5	177.6
江西	273.3	145.6	127.6
广东	282.0	162.6	119.4
广西	313.8	178.8	135.0
海南	41.7	27.1	14.6
重庆	117.5	24.0	93.5
四川	338.1	126.9	211.2
贵州	190.3	31.9	158.4
云南	245.8	64.4	181.4
西藏	17.7	12.2	5.5
全国	6799.7	2844.3	3955.4

四　区域粮食虚拟水流动情况

区域之间粮食的生产和消费状况不匹配，导致了粮食在各区域（省级行政区）之间调运，进而伴随粮食的贸易，产生了虚拟水的流动。2014 年，中国各省级行政区之间的粮食调运量为 11624.9 万 t，伴随产生的虚拟水流动量为 1243.4 亿 m³，较 2013 年减少 3.12%；其中虚拟蓝水流动量为 502.7 亿 m³，较

2013 年增加 0.10%；虚拟绿水流动量为 740.7 亿 m³，较 2013 年减少 5.18%。

表 4-6 列出了 2014 年我国各省级行政区粮食虚拟水流动的情况。从表 4-6 可以看出，2014 年我国有 11 个省级行政区为粮食虚拟水流出省，合计流出量为 1243.4 亿 m³。其中，黑龙江的粮食虚拟水流出量最大，为 588.0 亿 m³；其次为吉林、内蒙古和河南，分别为 180.1 亿 m³、167.1 亿 m³ 和 112.1 亿 m³。其他 20 个省级行政区均为粮食虚拟水流入省。其中，广东的粮食虚拟水流入量最大，为 366.6 亿 m³；其次是浙江、福建和上海，分别为 181.8 亿 m³、110.3 亿 m³ 和 103.7 亿 m³。

从虚拟蓝水流动来看，2014 年全国有 11 个虚拟蓝水流出省级行政区，合计流出 502.7 亿 m³。其中，黑龙江的粮食虚拟蓝水流出量最大，为 250.9 亿 m³；其次是内蒙古、吉林和新疆，分别为 70.1 亿 m³、59.9 亿 m³ 和 51.0 亿 m³。其他 20 个省级行政区为粮食虚拟蓝水流入省。其中，广东的粮食虚拟蓝水流入量最大，为 148.2 亿 m³；其次是浙江，为 73.5 亿 m³。

从虚拟绿水流动来看，2014 年全国有 11 个虚拟绿水流出省级行政区，合计流出 740.7 亿 m³。其中，黑龙江的粮食虚拟绿水流出量最大，为 337.1 亿 m³；其次是吉林，为 120.2 亿 m³。其他 20 个省级行政区为粮食虚拟绿水流入省。其中，广东的粮食虚拟绿水流入量最大，为 218.3 亿 m³；其次是浙江，为 108.3 亿 m³。

表 4-6　2014 年各省级行政区粮食作物虚拟水流动量

省级行政区	虚拟水流动量（亿 m³）	虚拟蓝水流动量（亿 m³）	虚拟绿水流动量（亿 m³）
北京	-95.9	-38.8	-57.1
天津	-53.6	-21.7	-31.9

省级行政区	虚拟水流动量 （亿 m³）	虚拟蓝水流动量 （亿 m³）	虚拟绿水流动量 （亿 m³）
山西	-31.7	-12.8	-18.9
内蒙古	167.1	70.1	97.0
辽宁	-21.9	-8.9	-13.0
吉林	180.1	59.9	120.2
黑龙江	588.0	250.9	337.1
河北	5.1	2.2	2.9
河南	112.1	25.0	87.1
山东	15.7	5.8	9.9
安徽	89.9	23.3	66.6
陕西	-52.0	-21.0	-31.0
甘肃	0.3	0.2	0.1
青海	-16.6	-6.7	-9.9
宁夏	12.1	6.5	5.6
新疆	58.2	51.0	7.2
上海	-103.7	-41.9	-61.8
浙江	-181.8	-73.5	-108.3
福建	-110.3	-44.6	-65.7
江苏	-6.5	-2.6	-3.9
湖北	-1.1	-0.4	-0.7
湖南	-0.5	-0.2	-0.3
江西	14.9	7.9	7.0
广东	-366.6	-148.2	-218.3
广西	-54.1	-21.9	-32.2
海南	-23.1	-9.3	-13.8
重庆	-20.4	-8.3	-12.1
四川	-27.4	-11.1	-16.3

省级行政区	虚拟水流动量（亿 m³）	虚拟蓝水流动量（亿 m³）	虚拟绿水流动量（亿 m³）
贵州	−45.6	−18.4	−27.2
云南	−25.9	−10.5	−15.4
西藏	−4.7	−1.9	−2.8
全国	1243.4	502.7	740.7

五　本章结论与讨论

本章利用《中国统计年鉴》（2015）中有关粮食生产方面的数据，结合粮食水足迹和虚拟水的基本概念的算法，对 2014 年我国各省级行政区的粮食生产、粮食生产水足迹以及区域虚拟水流动情况进行了计算和分析，主要得出以下结论。

（1）粮食生产空间差异显著。2014 年各省级行政区之间粮食播种面积差异进一步拉大，我国北方地区和粮食主产区的粮食播种面积所占比例进一步扩大；粮食产量以粮食主产区为主，黄淮海地区和东北地区的粮食产量超过了全国产量的 1/2；2014 年主产区粮食单产有所下降。

（2）粮食生产水足迹空间差异明显，粮食生产水足迹和粮食水足迹均有所减少。2014 年各省级行政区粮食生产水足迹最大的为 2.236m³/kg（海南），最小的为 0.673m³/kg（山西），最大值为最小值的 3.3 倍；与 2013 年相比，2014 年我国粮食生产水足迹减少了 2.32%，其中蓝水足迹减少了 1.23%。绿水足迹减少了 3.16%；2014 年各省级行政区粮食水足迹最大的为 809.8 亿 m³（黑龙江），最小的为 6.0 亿 m³（北京），最大值为最小值的 135 倍；与 2013 年相比，2014 年我国粮食水足迹减少了 1.49%，其中蓝水足迹减少了 0.27%，绿水足迹减少了 2.35%。

（3）区域之间粮食虚拟水流动显著。2014 年我国 31 个省级行政区之间的粮食虚拟水流动量达到了 1243.4 亿 m^3。总体来看，粮食虚拟水流动表现为从经济欠发达的粮食主产区流向经济相对发达的粮食主销区，从缺水的北方地区流向丰水的南方地区。

基于以上几点结论，本章提出以下几个问题进行讨论。

（1）目前我国粮食生产不断向主产区和北方地区进行集中转移，该趋势有助于农产品优势区域的形成与农业产业的发展。但粮食生产在地域上过于集中，将不利于农业风险的转移，降低了自然灾害的抵御能力。今后我国应进一步加强粮食生产的减灾抗灾能力，尤其是在黄淮海地区和东北地区，应尽量减少干旱、洪涝、病虫害等对粮食生产造成的负面影响，以保证我国的粮食安全生产和自给。

（2）我国南方经济相对发达，且水资源丰富，但农业水资源利用效率相对较低，而经济欠发达和缺水的北方地区水资源利用效率相对较高。2014 年我国各省级行政区之间的粮食生产水足迹呈现较大的差距，今后南方地区应更加重视发展节水农业，提高水资源的利用效率。

（3）我国粮食虚拟水流动趋势为从经济欠发达的粮食主产区流向经济发达的粮食主销区，由贫水的北方地区流向丰水的南方地区，粮食的虚拟水输出给粮食主产区带来了巨大的水资源和生态压力，而且粮食价格又未能体现水资源的生态价值，使整个生态系统和经济系统不能得到可持续的发展。如何扭转这种局势，对我国流域生态治理政策的制定与完善，以及政府充分利用经济杠杆的作用进行宏观调控提出了重要考量。

▶ 第五章
渭河流域粮食作物虚拟水贸易及其市场价值测算

一 引言

　　近年来，国际贸易和淡水资源短缺之间的关系引起了贸易专家和水资源专家越来越多的关注。由于具有体积较大的特点和公共产品的属性，水资源实体并不参与国际贸易，但水资源以虚拟形式通过农产品等水密集型产品之间的贸易在不同国家和地区之间流动。基于这一认识，Allan（1993）提出了"虚拟水"的概念，描述产品或服务在生产过程中消耗的水资源量，而虚拟水贸易是指贫水国家和地区通过进口丰水国家和地区的水密集型产品来保证水资源安全的一种商品战略。这一概念的提出为水资源管理和粮食安全之间的研究奠定了基础。从自然资源管理层面来看，虚拟水的进口已经成为水资源短缺国家（地区）保护本国水资源的一项有效措施，也为水资源在更大范围内实现均衡配置提供了理论切入口和实践依据（Allan，2003）。2015年中央一号文件《关于加大改革创新力度加快农业现代化建设的若干意见》中明确指出：我国应提高统筹利用国际国内两个市场、两种资源的能力，加强农产品进出口调控，积极支持优势农产品出口，把握好农产品进口规模和节奏。这一方面要求政府在政策制定过程中严格遵守"谷物基本自给、口粮绝对安全"的基本原则；另一方面要求合理利用国外农业资源，从而在一定程度上缓解国内农业资源短缺的压力，是保障中国粮食安全的必然选择（陈晓华，2015）。

不同于国际贸易，区际贸易对于区域技术进步、制度变迁和产业成长起到了至关重要的作用，且不受关税和过多的贸易壁垒的约束。从区域资源配置的视角来看，针对区际贸易制定相应的生态补偿政策更加容易。基于此，区域虚拟水贸易和水足迹的研究为区域内产业优化和区域间产业关联提供了战略依据。另外，水资源的不可动性决定了其在农业生产中占据重要地位，粮食作物的虚拟水贸易为解决区域水资源短缺问题提供了新的思路。流域作为农业生产的自然分区，对流域农业的可持续发展和流域农民的增收起到了至关重要的作用。传统的绿洲农业也是以流域为主。目前我国很多流域面临水资源短缺和水资源冲突问题，使流域水资源管理面临巨大的挑战。流域虚拟水贸易的研究能够为水资源管理提供新的视角，缓解流域水资源短缺的压力，进一步制定基于水密集型产品贸易模式的流域水资源战略（Hoekstra，2013）。目前学术界关于虚拟水贸易主要是以国家、省市等行政单元为单位展开研究（Oel et al.，2009；Ercin et al.，2013；孙才志等，2014；程中海，2013），而关于流域与外部之间的虚拟水贸易研究却相对较少（Brown et al.，2009；潘文俊等，2012）。针对于此，本章以陕西省渭河流域为例，在分析流域粮食作物生产、消费和贸易情况的基础上，测算四种粮食作物的虚拟水贸易足迹大小，并结合农业水价对渭河流域粮食作物虚拟水贸易的市场价值进行估算，进一步为优化流域的水资源需求管理和完善基于比较优势的粮食安全政策提供可靠依据。

二 渭河流域粮食作物生产及消费情况分析

本章选取陕西省渭河流域为研究区域（见图5-1）。陕西省渭河流域自西向东横贯关中平原，在渭南市潼关县注入黄河。流域位于干旱地区和湿润地区的过渡带，自然、经济条件优越，是我国历史上农业最富庶地区之一。作为关中地区的主要河流，陕西省渭河流域承担着沿河地区的生产、生活用水以及生态补水的重要水域功能，为该地区经济、社会的可持续发展提供了可靠保障。然而，随着社会经济的发展和人类对流域

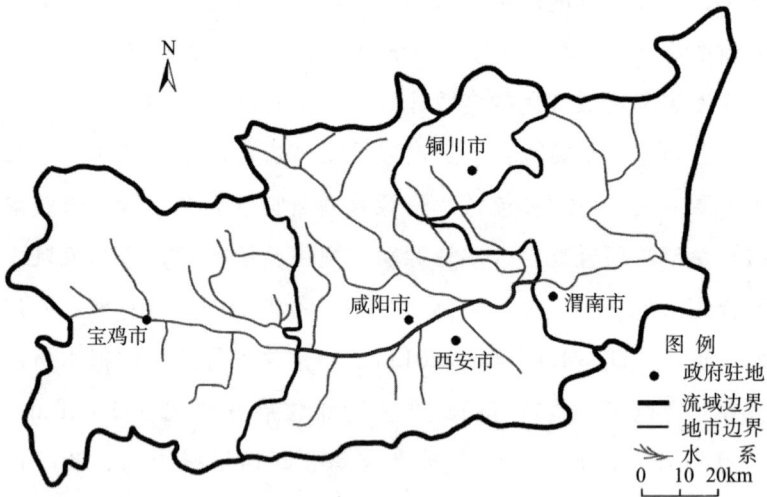

图 5-1 研究区域——陕西省渭河流域

资源的开发利用，陕西省渭河流域生态环境遭到了严重破坏，资源环境承载力有限，尤其是水资源的短缺使流域的农业可持续发展受到了威胁。根据《全国农业可持续发展规划（2015—2030年）》的编制，陕西省渭河流域定位为我国农业的适度发

展区，要求该区域坚持保护与发展并重，立足资源环境禀赋，提高水、土等农业资源的利用效率。

（一）渭河流域粮食作物产量情况

表 5-1 列出了 2010—2014 年这 5 年间陕西省渭河流域小麦、稻谷、玉米和大豆四种粮食作物的产量情况。由于气候和土壤等自然条件的限制，小麦和玉米为陕西省渭河流域的主要粮食作物，且其产量每年都维持在 300 万吨以上。以 2014 年为例，小麦、稻谷、玉米和大豆的产量分别占四种粮食作物总产量的 52.24%、0.05%、47.00% 和 0.71%。以 2010 年为基期年份，四种粮食作物的产量在波动中有所下降。四种粮食作物的总产量由 2010 年的 888.93 万吨下降到 2014 年的 719.39 万吨，下降了 19.07%[1]。

表 5-1　2010—2014 年陕西省渭河流域四种粮食作物产量比较

单位：万吨

年份	小麦	稻谷	玉米	大豆	总计
2010	446.19	1.27	433.79	7.68	888.93
2011	372.96	1.11	353.66	5.07	732.80
2012	401.29	1.03	369.01	6.90	778.23
2013	348.56	0.82	379.91	7.27	736.56
2014	375.83	0.34	338.14	5.08	719.39

数据来源：陕西省粮食局，经作者整理所得。

（二）渭河流域粮食作物消费情况

图 5-2 为 2010—2014 年这 5 年间陕西省渭河流域小麦、

---

[1] 产量下降可能是气候变化等自然因素造成的，也可能与流域农业政策相关。

稻谷、玉米和大豆四种粮食作物消费量的情况。从各年份四种
粮食作物的消费量来看,消费量从大到小依次为小麦、玉米、
稻谷和大豆,且小麦和玉米的消费量明显高于稻谷和大豆的消
费量。以 2014 年为例,小麦和玉米的消费量分别达到了
383.61 万吨和 345.90 万吨,而稻谷和大豆的消费量分别为
70.10 万吨和 40.55 万吨。四种粮食作物消费总量在这 5 年中呈
现先上升后下降的趋势。其中 2012 年消费量最高,为 919.01 万
吨;2014 年消费量最低,为 840.16 万吨。

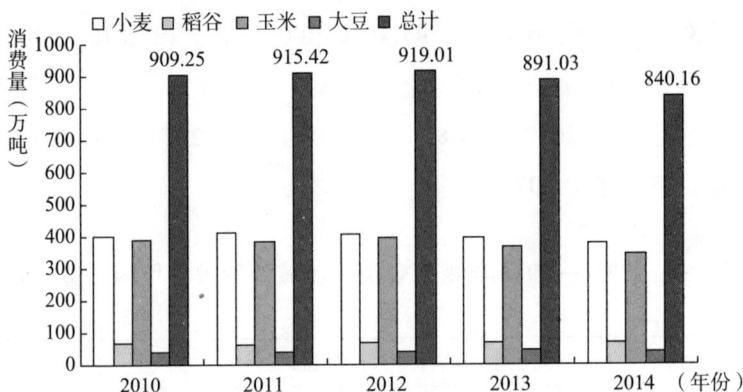

图 5 - 2   2010—2014 年陕西省渭河流域四种粮食
作物消费量比较

数据来源:陕西省粮食局,经作者整理所得。

从四种粮食作物的消费结构来看(见图 5 - 3),2014 年陕
西省渭河流域四种粮食作物除了用作农村和城镇人口的口粮以
外,主要用途为工业用粮和饲料用粮。其中,小麦和稻谷主要
为口粮消费,而玉米和大豆主要为工业用粮和饲料用粮消费。
由于不同人群饮食习惯的差异,城镇人口的稻谷消费明显高于
农村人口,而农村人口的小麦消费量明显高于城镇人口。玉米
除了可以食用,也是很好的工业能源原料和饲料来源,2014

年陕西省渭河流域的工业用粮和饲料用粮中玉米消费量分别达到了 176.73 万吨和 149.49 万吨，远远超过其他三种粮食作物的消费量。

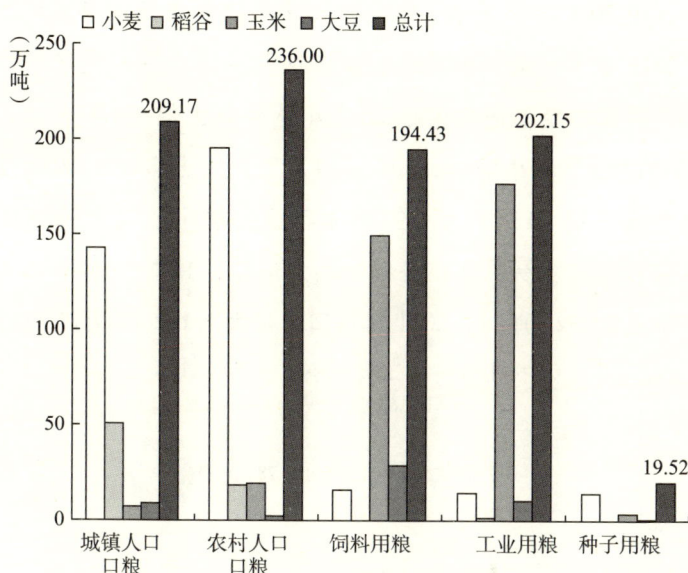

图 5 - 3 2014 年陕西省渭河流域四种粮食作物消费结构

数据来源：陕西省粮食局，经作者整理所得。

三 渭河流域虚拟水贸易足迹及其市场价值测算分析

（一）渭河流域粮食作物贸易情况

用消费量减去生产量可以得到渭河流域粮食作物的进口量①。图5 - 4 为 2010—2014 年这 5 年间陕西省渭河流域小麦、稻谷、

---

① 由于区域粮食库存变化不大，此处忽略陕西省渭河流域的粮食库存量，用消费量和生产量的差额作为相应粮食作物的进口量。

玉米和大豆四种粮食作物的进口情况。从图 5-4 可以看出，稻谷和大豆在这 5 年间进口量维持稳定，其平均进口量分别为 68.03 万吨和 37.46 万吨；小麦和玉米的贸易情况呈现波动趋势，其中 2010 年小麦和玉米两种作物在陕西省渭河流域均为出口，2013 年玉米也有小量的出口。这两种作物在其他年份均为进口，其中小麦的进口量在 2013 年达到最大值（48.91 万吨），在 2014 年达到最小值（6.90 万吨），玉米的进口量在 2011 年达到最大值（32.14 万吨），在 2014 年达到最小值（7.76 万吨）；四种粮食作物贸易总量在各年份均为进口，其中在 2010 年进口量最小（20.32 万吨），2011 年进口量最大（182.62 万吨）。

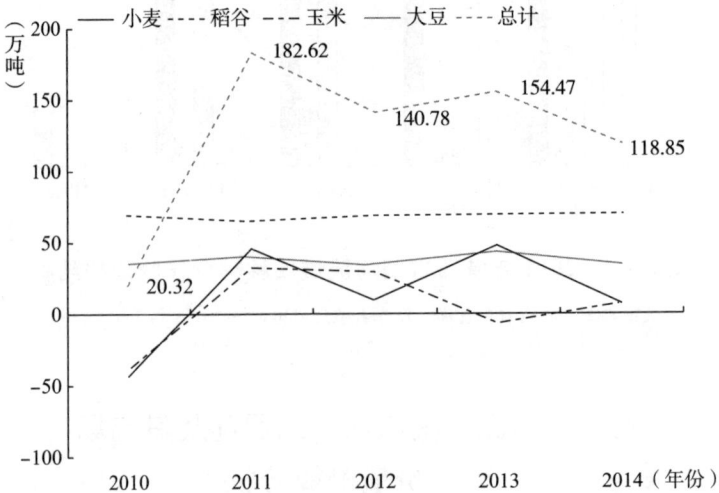

图 5-4　2010—2014 年陕西省渭河流域四种
粮食作物进口情况

数据来源：陕西省粮食局，经作者整理所得。

总的来看，陕西省渭河流域四种粮食作物在这 5 年间产量明显下降的同时，消费量下降并不明显。为了明确流域粮食贸易的真实趋势，就要明晰某种粮食作物增加的消费量更多是来自流域内生产还是流域外进口，如果较多的消费来自流域内生产，则可认为该品种粮食的市场依赖程度不高；反之如果较多的消费来自流域外进口，则可认为该品种粮食的市场依赖程度相对较高。本章借鉴赵明正（2015）提出的粮食出口产出弹性的概念，构造相应的粮食进口消费弹性来测度小麦、稻谷、玉米和大豆四种粮食作物的市场依赖程度。进口消费弹性是指与基期相比，某种粮食作物进口增幅与消费增幅的比率。其公式为：

$$进口消费弹性 = \frac{当年进口量/基期进口量}{当年消费量/基期消费量}$$

$$= \frac{基期进口量 \times (1 + 进口增长率)/基期进口量}{基期消费量 \times (1 + 消费增长率)/基期消费量}$$

$$= \frac{1 + 进口增长率}{1 + 消费增长率}$$

$$(5-1)$$

如果进口消费弹性大于 1，说明该粮食作物的消费量增加更多的是来自流域外进口；如果进口消费弹性小于 1，说明该粮食作物的消费量增加更多的是来自流域内生产。表 5 - 2 列出了 2014 年四种粮食作物的进口消费弹性（2010 年为基期）。其中，稻谷和大豆的进口消费弹性大于 1，其消费量的增加更多的是来自流域外进口，市场依赖程度较高；小麦和玉米的进口消费弹性小于 1，其消费量的增加更多的是来自流域内生产，市场依赖程度较低；四种粮食作物总的进口消费弹性明显大于 1，表现为市场依赖程度较高。

表 5 - 2　陕西省渭河流域四种粮食作物进口消费弹性

项目	小麦	稻谷	玉米	大豆	总计
2010 年进口量（万吨）	-43.89	68.32	-39.27	35.16	20.32

项目	小麦	稻谷	玉米	大豆	总计
2010 年消费量（万吨）	402.30	69.59	394.52	42.84	909.25
2014 年进口量（万吨）	6.90	69.76	7.76	34.43	118.85
2014 年消费量（万吨）	383.61	70.10	345.90	40.55	840.16
进口消费弹性	-0.19	1.01	-0.23	1.07	6.43

数据来源：陕西省粮食局，经作者整理所得。

（二）渭河流域粮食作物虚拟水贸易足迹测算

流域粮食作物虚拟水贸易足迹（Virtual Water Footprint，VWF）是指在一定时期内流域粮食作物虚拟水进口与出口的贸易差额情况。目前关于虚拟水贸易足迹的核算主要有两类方法：一种是从生产者的角度出发，生产地的生产状况和水资源利用效率共同决定了生产某种粮食作物的真实用水量；另一种是从消费者的角度出发，对缺水地区进行水资源赤字的平衡研究，进而确定在消费地某粮食作物的需水量（刘幸菡、吴国蔚，2005）。本文是从生产者的角度测算流域粮食作物生产的虚拟水贸易足迹。由于流域贸易数据的获取难度较大，本文根据流域内粮食作物的消费和生产差额进行计算，假设流域生产过剩的粮食（流域生产＞流域消费）全部出口；同样，也可以假设生产不足的缺口（流域生产＜流域消费）全部来自进口。此时，流域粮食作物的虚拟水贸易足迹计算公式可以表达为：

$$VWF_i = (C_i - P_i) \times WFP_i \qquad (5-2)$$

其中，VWF_i 为流域粮食作物 i 的虚拟水足迹；C_i 为流域粮食作物 i 的消费量；P_i 为流域粮食作物 i 的生产量；WFP_i 为流域粮食作物 i 的生产水足迹，表示流域生产单位粮食作物所消耗的水资源量，等于粮食作物生产绿水足迹和蓝水足迹之和。本文根据史利洁等（2015）对陕西省渭河流域各市各种粮食作物 WFP 的测算，结合各市在相应年份粮食作物产量所占比例折算陕西省渭河流域各年份每种粮食作物的 WFP，每一年份各种粮食作物的 WFP 计算公式如下：

$$WFP_i = \sum \frac{P_{it}}{P_i} \times WFP_{it} \qquad (5-3)$$

其中，WFP_i 为陕西省渭河流域粮食作物 i 的生产水足迹；P_{it} 为该年份 t 市粮食作物 i 的产量；P_i 为陕西省渭河流域该年份各市粮食作物 i 的总产量；WFP_{it} 为 t 市粮食作物 i 的生产水足迹。

本文关于 VWF 和 WFP 的计算中，陕西省渭河流域各市每种粮食作物的生产水足迹数据来自史利洁等（2015）的测算；其他各市每种粮食作物的产量和消费量的数据来自陕西省粮食局相应年份的统计数据。

通过式（5-2）、式（5-3）计算可以得出 2010—2014 年 5 年间陕西省渭河流域小麦、稻谷、玉米和大豆四种粮食作物虚拟水贸易足迹（见表 5-3）。根据计算，2010—2014 年这 5 年间，陕西省渭河流域小麦、稻谷、玉米和大豆四种粮食作物虚拟水贸易总值一直保持较大顺差，四种粮食作物虚拟水进口总量在 2010 年最低，为近 1 亿 m^3。2011 年以后，四种粮食作物虚拟水进口总量始终维持在 2 亿 m^3 以上。这意味着，通过虚拟水贸易，陕西省渭河流域每年从流域外获取的虚拟水资源缓解了流域内 2 亿 m^3 以上粮食生产的水资源压力，这个数值相当于陕西省渭河流域水资源总量的 3.27%。5 年间四种粮食作物平均虚拟水贸易足迹为 2.04 亿 m^3。

　　分粮食作物来看，由于单位重量虚拟水含量（作物生产水足迹）和本身在贸易结构中所占比重的不同，各种粮食作物在整体虚拟水贸易中所占的份额也有较大的差别。2010—2014 年这 5 年间，稻谷的进口量平均值为 68.02 万吨，在四种粮食作物中所占进口比重最大，因此稻谷的虚拟水贸易足迹在四种粮食作物中所占比重较大；大豆的进口量虽不及稻谷，但大豆作物生产水足迹值最大，其平均值为 2.79 m^3/kg，该值约为小麦和稻谷的 2.33 倍，为玉米的 3.93 倍，因此大豆的虚拟水贸易足迹在四种粮食作物中最大，约为四种粮食作物虚拟水贸易总量的 51%；小麦和玉米在陕西省渭河流域基本能够维持粮食自给，因此其虚拟水贸易总量在四种粮食作物中所占比重也相对较小。四种粮食作物虚拟水贸易足迹的测算结果再次验证了前文所计算的进口消费弹性，即四种粮食作物中，小麦和玉米消费量的增长更多的是来自流域内生产，而稻谷和大豆消费量的增长更多的是来自流域外进口。

表 5-3　2010—2014 年陕西省渭河流域粮食作物虚拟水贸易足迹

单位：$10^8 m^3$

年份	小麦	稻谷	玉米	大豆	总计
2010	-5.27	8.15	-2.78	9.79	9.89
2011	5.47	7.72	2.28	10.72	26.19
2012	1.04	8.17	2.06	9.25	20.52
2013	5.85	8.19	-0.45	11.44	25.03
2014	0.83	8.28	0.55	10.87	20.53

（三）渭河流域粮食作物虚拟水贸易市场价值测算

根据第三章中研究框架的分析，流域粮食作物虚拟水贸易市场价值等于粮食作物虚拟水贸易量乘以流域农业用水的价格。所以，在测算渭河流域粮食作物虚拟水贸易足迹市场价值之前，需要估算陕西省渭河流域的农业用水价格。根据课题组2012年在陕西省渭河流域的农户调研发现，流域农业用水分为井水和河水两种，且两种来源的水价不同，井水价格明显低于河水价格。在所抽取的224户灌溉农户的调研样本中，有164户使用井水灌溉，60户使用河水灌溉。根据灌溉取水来源的比例进行水价加权平均，得到2012年陕西省渭河流域农业用水平均水价为0.63元/m^3。用该数值乘以表5-3中相应年份的粮食作物虚拟水贸易足迹值，即可得到2010—2014年这5年间，陕西省渭河流域各种粮食作物虚拟水贸易市场价值的大小（见表5-4）。5年间陕西省渭河流域四种粮食作物平均虚拟水贸易足迹市场价值为1.29亿元。

表5-4　2010—2014年陕西省渭河流域粮食作物虚拟水贸易足迹市场价值

单位：百万元

年份	小麦	稻谷	玉米	大豆	总计
2010	-3.32	5.13	-1.75	6.17	6.23
2011	3.45	4.86	1.44	6.75	16.50
2012	0.65	5.15	1.30	5.83	12.93
2013	3.68	5.16	-0.28	7.21	15.77
2014	0.52	5.21	0.35	6.85	12.93

四　本章结论与讨论

本章以虚拟水贸易足迹理论为基础，运用相应的生产和消费数据，结合虚拟水贸易的计算方法，分析了2010—2014年这5年间陕西省渭河流域四种粮食作物（小麦、稻谷、玉米和大豆）的生产、消费及贸易情况，并测算了其虚拟水贸易足迹及其市场价值，主要得出以下结论。①四种粮食作物中，稻谷和大豆消费量的增加主要来自流域外进口，市场依赖程度较高，而小麦和玉米消费量的增加主要来自流域内生产，市场依赖程度较低。② 2010—2014年陕西省渭河流域粮食作物虚拟水贸易一直处于净输入状态，这在一定程度上缓解了流域水资源短缺的压力。5年间四种粮食作物平均虚拟水贸易足迹为2.04亿 m^3。③每种粮食作物的虚拟水贸易足迹值呈现较大的差异。稻谷和大豆的虚拟水贸易足迹值较大，而小麦和玉米的虚拟水贸易足迹值较小。④ 5年间陕西省渭河流域四种粮食作物平均虚拟水贸易足迹市场价值为1.29亿元。

对流域粮食作物虚拟水贸易足迹市场价值进行测算，有助于流域水资源管理者完善水资源管理政策。尤其是对比分析流域粮食作物虚拟水贸易足迹的市场价值和非市场价值，将会对流域水资源在农业生产用水和生态补给用水之间进行合理配置有政策指导意义（有关非市场价值的测算以及陕西省渭河流域粮食作物虚拟水贸易足迹市场价值和非市场价值的对比研究将在第六章进行分析）。从粮食作物虚拟水贸易足迹的视角对水资源管理问题进行深入研究，同时也有助于流域粮食安全政策的修正和完善。本章从生产者的视角出发，对陕西省渭河流域四种粮食作物的虚拟水贸易足迹市场价值进行了测算，但具体的虚拟水贸易足迹市场价值研究在研究尺度和研究方法上还有待进一步扩充和完善。

综观国际虚拟水贸易的前沿研究，该领域今后的研究主要方向之一为虚拟水贸易对国家（地区）农业产业的影响。本章以四种粮食作物为例，对陕西省渭河流域虚拟水贸易足迹市场价值进行探索性的研究。在研究尺度范围上，针对不同研究区域的不同农业虚拟水贸易研究也应该具有不同的特点。尤其是针对我国粮食主产区的粮食作物虚拟水贸易足迹及其市场价值的研究对我国粮食主产区相关政策的制定，以及国家粮食安全政策的完善具有重大的指导意义。同时，农业部门是一个受自然因素影响较大的部门，农业虚拟水含量的测算结果往往是随着气候因子的变化而不断变化的。因此，未来在研究虚拟水贸易对国家（区域）农业生产影响的同时，需要深入探讨虚拟水贸易战略与气候变化应对策略之间的关系。

▶ 第六章
渭河流域水资源非市场价值评估

一 引言

在第五章对陕西省渭河流域粮食作物虚拟水贸易市场价值进行测算之后，本章测算的是流域粮食作物虚拟水贸易非市场价值。根据第三章的研究框架分析，在测算流域粮食作物虚拟水贸易非市场价值之前，需要估算流域单方水资源的非市场价值。而在流域水资源总量已知的前提下，本章的主要研究内容就是对陕西省渭河流域水资源进行非市场价值评估。根据前面的理论分析，流域水资源的非市场价值指的就是流域水资源生态系统服务的非市场价值。

生态系统服务是地球上的各种自然生态系统向人类提供的产品和服务，除了提供可以在市场上实现的商品（如食物、木材、清洁水等）以外，还提供各种非实物型的生态服务，这些非实物型的生态服务具有潜在的经济价值，给人类带来了巨大的福利（Kumar，2010）。然而这种生态服务与产品在纯粹的市场作用力下难以实现，人们往往忽略了其潜在的巨大非市场价值，造成资源配置中的扭曲。对流域生态系统服务进行非市场价值评估，有助于对流域生态系统服务进行全面的了解，并将评估结果纳入传统国民经济核算体系之中，为环境资源的科学管理提供依据，并在区域发展规划、资源开发和决策过程中充分重视和体现自然资产的价值，实现可持续发展的目标（Freeman，2003）。

陈述偏好法（Stated Preference Method）是非市场价值评估的主要方法，其中最常见的包括条件价值评估法（Contingent Valuation Method，CVM）和选择实验法（Choice Experiment，CE）。相对于 CVM 而言，CE 可以避免在应用中产生的各种偏差，较好地解决环境和资源的多重生态属性之间的损益比较问题（Alpizar et al.，2003），而且 CE 的研究结果可以通过效益转移法（Benefit Transfer，BT）应用于其他类似的生态环境物品的非市场价值评估（Hanley et al.，2006；Johnston，2007）。国外学者应用 CE 进行非市场价值评估是从 Louviere 等（1983）的研究开始的，应用 CE 对流域生态系统服务进行价值评估的研究较多（Adamowicz et al.，1994；Burton et al.，2007；Brouwer et al.，2010），但国内对非市场价值评估的实证研究大多局限于 CVM 的研究（薛达元，2000；张志强等，2004；江冲等，2011）。近年来才出现 CE 在非市场价值评估中的应用，赵金成等（2010）以我国土地政策效率研究为例，介绍了确定选择实验模型调查问卷中环境属性的方法。樊辉等（2013）介绍了选择实验模型方法的原理，对选择实验模型法在资源环境和生态管理方面的应用进行了综述，并总结了选择实验模型在应用过程中应该注意的问题。但这些研究只是在理论上进行探讨和分析，缺乏实证的定量研究。翟国梁等（2007）以中国退耕还林为例，应用 CE 对该政策进行了评估，金建君等（2011）以浙江省温岭市耕地资源保护为例，探讨

CE 在耕地资源保护经济价值评估实践的可行性。但两者的研究均建立在多项式 Logit（Multinomial Logit，MNL）模型基础之上，未能放宽模型独立同分布（IID）的假设，评估结果存在一定程度上的偏差。谭永忠等（2012）通过分别建立 MNL 和 Mixed Logit 模型，以浙江省德清县为例，对耕地和基本农田的非市场价值进行了评估，但其对属性指标的选择和实验的设计过程描述并不详尽。Yue Che 等（2014）运用 CE 对上海朱家角河网系统改善进行了支付意愿调查，并同时用 MNL 和 Mixed Logit 模型对计量模型进行了估计，评估结果可对当地政府进行河网系统改善提供决策支持。

综上所述，国内关于非市场价值评估的研究大多局限于 CVM 的探索，而 CE 的使用在国内很不成熟，主要体现在定量的实证分析研究并不常见、具体的计量方法过于简单和模型研究指标设计陈述不详尽。从研究内容来看，国内尚未存在应用 CE 对流域生态系统进行非市场价值评估的实证研究。为此，本章假设公众对生态系统服务功能存在偏好异质性，并运用选择实验法测算公众对生态系统服务功能的支付意愿。在假定个人对各生态系统服务功能的偏好服从不同的分布形势（连续抑或离散）的情境下，针对不同分布形势采用相应的计量模型对生态系统服务的偏好异质性进行检验。最后，对渭河流域生态系统服务进行非市场价值评估。评估结果可应用于流域生态环境管理，为国家流域环境治理提供相关决策支持。

二 选择实验模型设计

本研究采用的选择实验模型设计主要分为三个步骤，即属性及指标的确定、正交实验设计、问卷内容完善及调查。

（一）属性及指标的确定

根据 De Groot（2000）的研究，生态系统服务可以被分为调节服务（Regulating Service）、栖息地服务（Habitat Service）、生产服务（Production Service）和信息服务（Information Service）。这四大类生态系统服务应该与本研究具体的价值评估生态功能属性选择相结合。生态指标的选择是在功能属性的基础上进行扩展得到的。其选择标准应符合两个标准：①对于生态系统服务消费者来说，生态指标应直观易懂，便于其在不同选择集中进行选择；②生态指标应与相关的环境政策相关，反映急需得到改善的环境属性。基于此，本研究事先进行了两次预调研，以确定陕西省渭河流域生态环境的具体情况和了解该流域居民对环境改善问题的具体认知。另外，通过与相关生态学、水文学、土壤学专家进行沟通，结合《渭河流域重点治理规划》（2005）最终确定了相关的评估指标及其状态值（包括8个生态指标和1个价格指标，见表6－1），其中生态安全程度为反映生态总体程度的总指标，可以作为对以上其他7个生态指标的参考和矫正。水质平均级别和人均水量两个指标反映生态系统服务中的生产服务；水土流失治理面积和水土流失强度两个指标反映其调节服务；自然景观和生态旅游、森林公园条件这两个指标主要反映其信息服务；林地覆盖率这一指标主要反映其栖息地服务。由此可见，本研究所确定的生态指标涵盖了流域生态系统服务的各个方面，且通过实地调研、政策约束和专家咨询的方法确保了每个生态指标都代表了陕西省渭河流域的某项或几项重要生态功能。

表 6-1   不同评估指标的状态值

评估指标	现状值		中间状态值		目标值	
林地覆盖率（%）	30		31	33	35	
水质平均级别（级）	4.5		4	3.5	3	
渭河流域人均水量（%） （占全国平均水平百分比）	15		17	19	20	
流域内水土流失治理面积（%） （占流域总面积百分比）	80		85	88	90	
水土流失强度	中度（=3）		偏轻（=2）		轻度（=1）	
自然景观（%）	20		30	35	40	
生态旅游、森林公园条件（%）	25		30		35	
生态安全程度（目前，上游Ⅱ 级，中游Ⅲ级，下游Ⅳ级）	3.5		3	2.5	2	
愿意支付的费用 [元/（年·户）]	0	50	100	200	300	400

（二）正交实验设计

在确定了生态指标及其状态值之后，需要采用正交实验设计的方法对选项卡中不同指标状态值的组合进行设计，该过程决定了福利测算的效率（Gao et al.，2010）。考虑到线性模型的参数估计的准确性，本研究结合 SAS 软件，采用实验设计中的 D - 优化设计原则进行正交实验设计，并得到了 512 个选择集①。去除被占优和错误的选择集后还剩下 450 个选择集，这450 个选择集被分为 150 个版本（每个版本 3 个选择集组成一份问卷中的选项卡，每个版本的不同之处在于其中指标状态值的变化）。在每份问卷中，被调研者被展示三个相互独立的选

---

① 512 = 2^9，其中 2 代表选项卡中的环境改进方案数目，9 代表指标数目。

择集，并相应做出三个选择。在得到假想的生态环境改进的生态指标组合的同时，需要每户居民在 10 年的规划中每年支付一定的费用（即价格指标）。需要提示的是，该支付的费用将会用作渭河流域生态环境改善的专款，并不会有其他用途，且每个参与调研者需要在做出支付费用选择的同时考虑到其家庭收入等条件的约束。

（三）问卷内容完善及调查

本研究调查问卷内容主要包括三个部分：第一部分是受访居民对渭河流域生态环境改善的认知情况调查；第二部分是受访居民对渭河流域生态环境服务改善的支付意愿调查；第三部分则是对受访居民的社会经济特征调查，包括受访者年龄、性别、职业、受教育程度、家庭收入状况等。受访居民以户为单位。具体的问卷调查开展于 2012 年 12 月。根据陕西省渭河流域水质情况，本次调研抽取了四个样本区（市）进行调查，分别是宝鸡市的金台区（渭河中上游）、咸阳市的秦都区（渭河中下游）、渭南市的临渭区和华阴市（渭河下游），具体样本分布情况见表 6 - 2，具体样本采用分层随机抽样的方法进行调查。

表 6 - 2　调查样本分布

单位：户

样本区（市）	城镇居民	农村居民	总计
金台区	110	115	225
秦都区	100	125	225
临渭区	102	120	222
华阴市	115	113	228
总计	427	473	900

三 实证结果分析

(一) 居民偏好异质性分析

如果居民偏好异质性表现为连续型，可以采用 Mixed Logit 模型对参数进行极大似然估计。反之，居民偏好异质性表现为离散型，则可以用潜类别模型（Latent Class Model，LCM）估计参数。本章假设居民偏好异质性表现为不同的形式，分别采用两种计量模型进行参数估计。关于 Mixed Logit 模型和 LCM 的估计均运用 Stata 12.0 计量软件进行编程模拟得出。

表 6 - 3 展示了 Mixed Logit 模型的估计结果，模型分别对整体样本、城镇居民样本和农村居民样本进行模拟，且对于每个样本的模拟均采用 500 个 Halton 抽取的方法进行似然估计（Hensher and Greene，2003）。为了提高模型估计效率，模型假定所有生态指标参数为服从正态分布的随机参数，且价格指标参数被设定为固定参数[①]。

对于所有样本的模型，无论是固定参数（支付费用），还是随机参数（生态指标）均在 1% 的水平上显著。固定参数（支付费用）为负，表明支付费用越高，居民的效用越低（越不愿意支付）。所有随机参数（生态指标）中，除了水资源质量和水土流失强度两个随机参数为负以外，其他随机参数均预期为正。这表明，对于水资源质量和水土流失强度这两个离散变量，被调研者期望得到更高等级的变化，而对于其他的连续

---

① 设定价格指标参数为固定参数有利于方便计算支付意愿中的隐含价格，在后文将会详细阐述隐含价格的计算。

变量，被调研者也期望得到相应生态指标的环境改善。同时，所有随机参数的标准差均在 1% 的水平上显著，这表明被调查者之间在这些生态指标的偏好上确实存在较大的异质性，而本文使用 Mixed Logit 模型进行估计放宽了独立同分布的假设，体现出了与 Multinomial Logit 模型相比的优越性。

表 6 - 3　Mixed Logit 模型估计结果

变量	所有样本	城镇居民	农村居民
固定参数			
支付费用	- 0.0421*** (0.0079)	- 0.0213*** (0.0032)	- 0.0321*** (0.0050)
随机参数的均值			
林地覆盖率	0.4090*** (0.1036)	0.2822*** (0.0652)	0.1966** (0.0908)
水资源质量	- 3.7431*** (0.7648)	- 2.5160*** (0.4421)	- 2.4641*** (0.6179)
水资源数量	0.4715*** (0.1183)	0.3441*** (0.0825)	0.2589*** (0.0951)
水土流失面积	0.1610*** (0.0442)	0.1000*** (0.0268)	0.1052** (0.0425)
水土流失强度	- 1.0143*** (0.2249)	- 0.7877*** (0.1355)	- 0.4738** (0.1879)
自然景观	0.1347*** (0.0296)	0.0646*** (0.0155)	0.1213*** (0.0261)
生态旅游	0.1115*** (0.0358)	0.0493** (0.0247)	0.1439*** (0.0368)
随机参数的标准差			
林地覆盖率	1.0367*** (0.2373)	0.5546*** (0.1051)	0.8733*** (0.1894)
水资源质量	6.3408*** (1.0858)	3.5856*** (0.4384)	4.6882*** (0.6362)

变量	所有样本	城镇居民	农村居民
水资源数量	1. 1997 *** (0. 2552)	0. 5862 *** (0. 1105)	0. 8576 *** (0. 1816)
水土流失面积	0. 4963 *** (0. 0978)	0. 3124 *** (0. 0577)	0. 3401 *** (0. 0843)
水土流失强度	1. 6762 *** (0. 3697)	0. 6448 ** (0. 2883)	1. 7565 *** (0. 3276)
自然景观	0. 1775 *** (0. 0381)	0. 0500 * (0. 0301)	0. 1333 *** (0. 0381)
生态旅游	0. 4512 *** (0. 0861)	0. 2586 *** (0. 0494)	0. 2966 *** (0. 0660)
模型检验统计			
Log – Likelyhood (LL)	– 2355. 8853	– 1158. 7675	– 1197. 8596
Pseudo – R^2	0. 1167	0. 0999	0. 1169
样本量（N）	900	427	473

注：*、**、*** 分别表示在 10%、5% 和 1% 的水平上显著。

从城镇居民和农村居民的样本分别来看，两个 Mixed Logit 模型的固定参数均在 1% 的水平上显著。不同的生态指标在两个 Mixed Logit 模型中显现出不同的显著水平。这两个 Mixed Logit 模型所有的随机参数标准差均在不同的水平上显著，表明无论是城镇居民，还是农村居民对所有生态指标的偏好都存在较大差异。

如果居民对生态系统服务功能属性的偏好形式为离散的，则可用 LCM 对参数进行估计（史恒通、赵敏娟，2016）。如表 6 - 4 所示，依据 AIC（Akaike Information Criterion）和 BIC（Bayesian Information Criterion）准则，当类别数为 3 时，AIC 值和 BIC 值最小，模型适配情况最优，因此本文选择潜类别模型中的最优类别数目为 3（Swait，2006）。

表 6 - 4　LCM 中类别数目选择标准

类别	对数似然值	参数数目	AIC 值	BIC 值
2	-2317.795	17	4768.230	4751.230
3	-2208.508	26	4619.882	4593.882
4	-2158.456	35	4643.995	4608.995
5	-2162.171	44	4667.648	4623.648
6	-2143.668	53	4700.862	4647.862
7	-2124.257	62	4732.263	4670.263
8	-2118.291	71	4790.551	4719.551

　　LCM 参数估计结果如表 6 - 5 所示，消费者被分为三个不同类别，各类别分别占总样本的 41.2%、25.8% 和 33.0%。潜类别的参数估计表明，在第一个类别中消费者能从各生态系统服务功能的改善中获得一定的效用，愿意为其改善支付更高的价格，该类消费者对生态系统服务功能各属性均具有一定的偏好，我们把这类消费者定义为偏好正常型，且代表着渭河流域居民大部分消费者；与偏好正常型消费者不同，第二类消费者仅对水质、水土流失面积和水土流失强度三个指标具有显著偏好，可以将其定义为生态导向型，他们往往只关心亟须解决的生态环境问题；第三类消费者仅对水质一个生态系统服务功能具有显著偏好，且支付价格在 1% 的水平上显著，可以将其定义为价格敏感型，他们代表了那些对价格比较关心的消费群体，该类消费者在做出环境物品购买决策时优先考虑的是价格因素。

表 6 – 5　LCM 参数估计结果

属性变量	LCM		
	Class 1 （偏好正常型）	Class 2 （生态导向型）	Class 3 （价格敏感型）
支付费用	− 0.023 （0.002）***	0.007 （0.003）*	− 0.027 （0.005）***
林地覆盖率	0.310 （0.034）***	0.069 （0.060）	0.066 （0.089）
水资源质量	− 1.851 （0.190）***	− 1.662 （0.322）***	− 0.872 （0.480）*
水资源数量	0.394 （0.041）***	0.019 （0.074）	0.069 （0.100）
水土流失面积	0.137 （0.015）***	0.044 （0.026）*	− 0.021 （0.038）
水土流失强度	− 0.469 （0.064）***	− 0.409 （0.106）***	− 0.219 （0.189）
自然景观	0.109 （0.011）***	0.003 （0.017）	0.023 （0.026）
生态旅游	0.116 （0.014）***	0.001 （0.023）	0.022 （0.037）
Log – Likelyhood （LL）	− 2208.508		
样本量（N）	900		
Class Prob	0.412	0.258	0.330

注：*、**、*** 分别表示在 10%、5% 和 1% 的水平上显著。

（二）隐含价格测算

选择实验法通过计算每个生态系统服务功能的边际价值，可以得到消费者为了获得更多的属性状态改善而愿意支付的金额，即边际支付意愿（Marginal WTP），或者叫作隐含价格（Implicit Price，IP）。边际支付意愿表征的是随着每一个单位的生态系统服务功能属性的变化，流域居民愿意为此支付的费用。本研究应用表 6 – 3 中 Mixed Logit 模型估计结果和表 6 – 5 中 LCM 参数估计结果，结合公式（2 – 12）对不同生态系统服务功能的边际支付意愿进行了测算，具体测算结果见表 6 – 6。

表 6 – 6 Mixed Logit 和 LCM 模型中生态系统服务功能的边际支付意愿（隐含价格）

属性变量	Mixed Logit 模型	LCM		
		Class 1 （偏好正常型）	Class 2 （生态导向型）	Class 3 （价格敏感型）
林地覆盖率	9.706 (1.632) ***	13.478	9.857	2.444
水资源质量	– 88.843 (6.885) ***	80.478	237.429	32.296
水资源数量	11.192 (1.750) ***	17.130	2.714	2.556
水土流失 面积	3.821 (0.796) ***	5.957	6.286	0.778
水土流失 强度	– 24.075 (3.482) ***	20.391	58.429	8.111
自然景观	3.196 (0.375) ***	4.739	0.429	0.852
生态旅游	2.646 (0.719) ***	5.043	0.143	0.815

注：*** 表示在 1% 的水平上显著。

从 Mixed Logit 模型边际支付意愿测算结果可以看出，在以级别为单位的生态系统服务功能中，居民对水质这一生态系统服务功能具有较高的支付意愿［88.84 元／（年·户）］，而对水土流失强度改善这一生态系统服务功能的支付意愿相对较低［24.08 元／（年·户）］。在剩下的以% 为单位的生态系统服务功能中，居民对水量具有较高的支付意愿［11.19 元／（年·

户)]，其次是林地覆盖率 [(9.71 元/年·户)]，而对生态旅游具有最低的支付意愿 [(2.65 元/年·户)]。

从 LCM 边际支付意愿测算结果可以看出，价格敏感型消费者对各生态系统服务功能的边际支付意愿明显低于偏好正常型消费者和生态导向型消费者。生态导向型消费者对水质和水土流失强度这两个生态系统服务功能具有强烈的偏好，其边际支付意愿分别为 237.43 元/(年·户) 和 58.43 元/(年·户)。偏好正常型消费者对各生态系统服务功能的边际支付意愿与 Mixed Logit 模型测算得出的结果最为接近。偏好正常型消费者对水质具有最高的边际支付意愿 [80.48 元/(年·户)]，对水土流失强度具有次高的边际支付意愿 [20.39 元/(年·户)]，而对自然景观具有最低的边际支付意愿 [4.74 元/(年·户)]。

在对陕西省渭河流域居民整体的随机偏好异质性 (Mixed Logit 模型) 和离散异质性 (LCM) 进行分析以后，本文尝试从城镇居民和农村居民两个不同的群体分析其对陕西省渭河流域水资源生态系统服务功能边际支付意愿的差异，从而在另一个角度揭示居民的偏好异质性，以期为流域水资源管理，尤其是流域粮食作物虚拟水贸易政策和流域水资源配置政策的制定提供实证依据。通过模型模拟计算分析，其回归结果如表 6-7 所示。通过表 6-7 中城镇居民和农村居民对各生态属性指标的支付意愿的对比分析可以发现，城镇居民对大部分生态属性指标 (除了自然景观和生态旅游两个属性指标以外) 的边际支付意愿都大于农村居民。针对城乡居民这种在不同生态属性指标边际支付意愿的差异，流域水资源配置政策和流域生态补偿政策的制定也应该将这种偏好异质性纳入政策制定者的视野，制定针对不同群体的有差别的政策，以期得到更多公众的参与和支持。

在对各生态属性指标的边际支付意愿进行测算之后，本文采用 Poe 检验的方法来检验每个样本之间（尤其是城镇居民样本和农村居民样本之间）的支付意愿是否存在显著的差异（Poe et al.，2001）。Poe 检验的结果如表 6 – 7 最右列所示。通过表6 – 7 中城镇居民样本和农村居民样本的 Poe 检验结果发现，除了水土流失面积和自然景观两个生态系统服务功能属性指标以外，两组样本在其他属性指标间均存在显著的差异。

表6 – 7　城镇居民和农村居民边际支付意愿及其 Poe 检验结果

属性变量	城镇居民（IP）	农村居民（IP）	P（urban-rural）
林地覆盖率	13.22 *** (8.23—18.22)	6.13 ** (1.14—11.13)	0.0213 **
水资源质量	– 117.88 *** (– 139.11—96.65)	– 76.87 *** (– 100.34—53.39)	0.0028 ***
水资源数量	16.12 *** (10.99—21.26)	8.08 *** (3.17—12.99)	0.0098 ***
水土流失面积	4.68 *** (2.27—7.10)	3.28 *** (0.90—5.66)	0.2196
水土流失强度	– 36.90 *** (– 48.67—25.14)	– 14.78 *** (– 25.63—3.94)	0.0012 ***
自然景观	3.03 *** (1.97—4.08)	3.78 *** (2.82—4.75)	0.1573
生态旅游	2.31 ** (0.09—4.53)	4.49 *** (2.53—6.45)	0.0718 *

注：*、**、*** 分别表示在10%、5%和1%的水平上显著。

（三）补偿剩余测算

隐含价格的测算结果说明，流域居民愿意为渭河流域各生态系统服务的改善支付一定的金额。另一种支付意愿的测度表示为补偿剩余（Compensating Surplus，CS）的测算，它表示的是改变现状所带来的整体效用，其计算方法如公式（2 - 13）和公式（2 - 8）所示。

本研究分别选取生态评估指标的现状值和目标值作为效用的现状和改善的基点，维持现状和按照规划目标的改善情况具体如下。

维持现状：10 年后，渭河流域林地覆盖率为 30%，水质平均级别为 4.5 级，人均用水量占全国平均水平的 15%，水土流失治理面积占流域总面积的 80%，水土流失强度为中度，自然景观面积占流域总面积的 20%，生态旅游、森林公园条件占流域总面积的 25%。

目标状态：10 年后，渭河流域林地覆盖率为 35%，水质平均级别为 3 级，人均用水量占全国平均水平的 20%，水土流失治理面积占流域总面积的 90%，水土流失强度为轻度，自然景观面积占流域总面积的 40%，生态旅游、森林公园条件占流域总面积的 35%。

根据公式（2 - 13）、公式（2 - 8）以及表 5 - 3 的估计结果计算得到，陕西省渭河流域居民年平均支付意愿为 414.84 元/户。根据非市场价值总值 = 居民年均支付意愿 × 居民总户数 × 支付率/还原率，可估算渭河流域生态系统服务的非市场价值。

根据陕西省统计年鉴统计资料，2012 年底陕西省渭河流域共有居民 722.38 万户。根据调查统计，66.22% 的受访者愿意为渭河流域生态系统服务改善支付一定金额。若还原率采用 2012 年末一年期银行定期存款利率 3.00%，则 2012 年陕西省渭河流域生态系统服务的非市场价值为 66.15 亿元。

（四） 渭河流域粮食作物虚拟水贸易非市场价值测算

根据前文补偿剩余的测算，2012 年陕西省渭河流域水资源的非市场价值为 66.15 亿元。查阅《渭河流域重点治理规划》，可以得到陕西省渭河流域的水资源总量为 70.52 亿 m³。根据前文的分析框架，可以得到 2012 年陕西省渭河流域单方水资源的非市场价值为 0.94 元/m³。假设 2010—2014 年这 5 年间，陕西省渭河流域单方水资源的非市场价值保持不变，则可以得到这 5 年间每种粮食作物和四种粮食作物总和的虚拟水贸易足迹的非市场价值，具体计算结果见表 6-8。5 年间陕西省渭河流域四种粮食作物平均虚拟水贸易足迹非市场价值为 1.92 亿元。

表 6-8 2010—2014 年陕西省渭河流域粮食作物虚拟水贸易足迹非市场价值

单位：百万元

年份	小麦	稻谷	玉米	大豆	总计
2010	-4.95	7.66	-2.61	9.20	9.30
2011	5.14	7.26	2.14	10.08	24.62
2012	0.98	7.68	1.94	8.70	19.29
2013	5.50	7.70	-0.42	10.75	23.53
2014	0.78	7.78	0.52	10.22	19.30

对比分析本章测算所得的陕西省渭河流域粮食作物虚拟水贸易足迹非市场价值和第五章测算所得的陕西省渭河流域粮食作物虚拟水贸易足迹市场价值可以发现，其非市场价值为其市场价值大小的 1.49 倍，即陕西省渭河流域粮食作物虚拟水贸易的非市场价值要大于其市场价值。其背后蕴含的政策含义

是：流域水资源管理部门在制定和完善流域水资源配置政策时，需要协同考虑流域水资源在农业生产用水和流域生态补给用水之间的配置。由于气候条件、土壤特性等的差异，陕西省渭河流域水资源在农业生产用水的配置问题上更多的是考虑不同作物品种在不同地区种植的适宜性问题。而在更加宏观的一个层面，虚拟水即为通过粮食作物等水密集型产品的贸易（进口）策略为陕西省渭河流域节约的水资源，如果其非市场价值被忽略或低估，就很可能出现政策偏失导致流域生态补给用水供给不足而造成流域生态环境的破坏，进而对流域居民的福利造成损失。

四　本章结论与讨论

（一）　主要结论

1. 渭河流域居民对其生态系统服务具有较强的偏好和偏好异质性

CE 模型模拟结果表明，城乡居民对渭河流域生态系统服务非市场价值具有一定了解，且期待相应生态系统服务得到一定的改善。从 Mixed Logit 模型的隐含价格测算结果可以看出，居民对水质（以级别为单位）和水量（以％为单位）等生态系统服务功能具有较高的支付意愿，分别为 88.84 元/（年·户）和 11.19 元/（年·户）。对水土流失强度改善（以级别为单位）和生态旅游条件改善（以％为单位）等生态系统服务功能具有较低的支付意愿，分别为 24.08 元/（年·户）和 2.65 元/（年·户）。从潜类别模型的研究结果可以看出，偏好的异质性主要体现在消费者针对同一生态系统服务功能的支付意愿大小的差异。随着人们收入水平的提高和国民素质的增强，越来越多的消费者会愿意为生态系统服务的各生态功能属性改善支付较高的价格，这会给政府、企业和第三方机构带来更大的激励去改善生态系统服务功能属性。

2. 渭河流域居民对其生态系统服务各生态功能属性支付意愿存在差异

由于本文使用 Mixed Logit 模型和 LCM 对样本进行估算，放宽了样本独立同分布的假设。估算结果表明渭河流域居民对其生态系统服务的各项生态属性指标偏好存在差异。整体来看，渭河流域居民对水资源质量这一生态指标具有最高的支付意愿，对水土流失强度这一生态指标具有次高的支付意愿，而对自然景观和生态旅游条件改善等生态指标具有较低的支付意愿。所以今后在渭河流域治理过程中，应当加大对水资源质量改善以及对水土流失治理方面的政府投资。

3. 陕西省渭河流域生态系统服务给人们带来了巨大的整体效用

通过补偿剩余的测算，陕西省渭河流域平均每户居民每年愿意为渭河流域生态系统服务的改善支付 414.84 元。非市场价值的估算结果表明，2012 年陕西省渭河流域生态系统服务的非市场价值为 66.15 亿元。可见，陕西省渭河流域生态系统服务为其居民带来了巨大的福利效用。这一价值的估算远远高于国家每年对陕西省渭河流域治理的投资金额，所以，在未来的陕西省渭河流域治理中，建议加大国家和地方政府的投资力度，以提高流域居民的福利和得到更多公众的支持。另外，通过测算所得，5 年间陕西省渭河流域四种粮食作物平均虚拟水贸易足迹非市场价值为 1.92 亿元。陕西省渭河流域粮食作物虚拟水贸易足迹的非市场价值要大于其市场价值，所以，在制定和完善流域水资源配置政策时，需要重新考虑流域农业生产用水和生态补给用水的配置比例，以达到社会整体配置的最优化。

（二）展望与讨论

对流域生态系统服务非市场价值评估进行研究，有利于更加全面地了解人们从流域生态系统服务中得到的福利，进而促使政府和个人对流域生态系统进行保护，防止流域生态系统环境的恶化。本章应用选择实验模型法在流域生态系统服务非市场价值评估方面进行了研究，但在具体的计量方法应用以及结果分析上还有待进一步深入和加强，对于后期如何开展更精确的研究还有待于探讨。

偏好异质性问题是本章的一个重点研究内容。从政策制定层面来看，国务院在 2015 年发布的水污染防治行动计划中首次强调了环境保护工作中公众参与的重要性，而未来关于公众参与环境治理的研究中，公众的偏好以及偏好异质性问题应该是研究的一个重点方向。从实证分析的层面来看，应该从不同的角度来研究公众的偏好异质性问题。本章除了用 Mixed Logit 模型和 LCM 分别从连续和离散的角度研究居民对陕西省渭河流域水资源生态系统服务的偏好异质性以外，还从城镇居民和农村居民两个方面讨论了两种群体的偏好异质性问题。针对不同的公众群体，应该采取不同的流域生态补偿政策和水资源配置政策（该部分内容将在本书第七章和第八章进行进一步的讨论）。另外，流域上、中、下游居民间的偏好异质性问题也是未来研究中针对不同群体偏好异质性问题研究的一个重点方向。

综观国际非市场价值评估的前沿研究，该领域今后的其他研究方向主要有以下方面。

（1）在非市场价值评估方法上，进一步探讨选择实验法的效率改进问题。同时针对不同研究区域的特点，将选择实验法与效益转移法相结合，可以在节约大量的时间和资金的同时，更加准确地对相关环境物品进行非市场价值评估。

（2）应将流域生态系统非市场价值评估纳入流域环境治理体系，结合成本效益分析法（Cost Benefit Analysis，CBA）探讨流域生态补偿标准的确定，进一步对流域生态补偿机制进行完善。

第七章

渭河流域粮食作物虚拟水贸易足迹非市场价值影响因素分析

一 引言

根据第三章研究框架的设计，本章需要研究渭河流域粮食作物虚拟水贸易足迹非市场价值的影响因素。而对流域粮食作物虚拟水贸易足迹的非市场价值影响因素很难直接进行分析，所以本章分别从流域水资源非市场价值的影响因素和流域粮食作物虚拟水贸易足迹的影响因素两个方面对流域粮食作物虚拟水贸易足迹非市场价值的影响因素进行分析。

在流域水资源非市场价值影响因素方面，主要是从居民对流域水资源生态系统服务的支付意愿的视角进行研究。从国内的研究来看，关于支付意愿影响因素的研究已有一定基础，但大多是集中于对私人物品的市场消费行为研究（侯守礼等，2004；曾寅初等，2008；刘军弟等，2009；罗丞，2010）；对于流域水资源生态系统服务这样的环境物品消费的支付意愿影响因素研究却不多见（郑海霞等，2010；梁爽等，2005）。环境物品属于公共品，必然会给消费者带来巨大的正外部性，这使得公众在消费水资源生态系统服务时存在"搭便车"的侥幸心理。因此，除了消费者个人特征及家庭经济、社会因素的特征以外，还应充分考虑到消费者的环境认知水平等因素对生态系统服务这样的公共物品消费的支付意愿的影响。

在虚拟水贸易足迹的影响因素方面，国内学者多是从定性的角度加以分析。刘红梅等（2008）从政治、经济、社会和生态四个维度分析了虚拟水贸易的影响因素。黎东升等（2010）从资源因素、人口因素、贸易因素、经济因素和政策因素五个方面分析了农产品虚拟水贸易的影响因素，在此基础上构建了包含24个指标的农产品虚拟水贸易实施条件的评价体系，并运用层次分析法对各个指标的影响做了进一步的分析。马超等（2012）在前人研究文献回顾的基础上，从自然、经济、社会、生态、技术和政策六个角度分析了农产品虚拟水贸易实施的影响因素，并运用32个国家的虚拟水贸易横截面数据，采用多元逐步回归的分析方法，实证分析了虚拟水对外依赖程度的影响因素。

综合以上文献的回顾，本章首先以渭河流域陕西段为例，对流域生态系统服务支付意愿进行研究，并主要探索影响消费者对流域水资源生态系统服务支付意愿的因素，为流域环境管理政策的实施提供参考。由于样本量存在一定的限制，且对于流域虚拟水贸易足迹影响因素很难获取进行定量分析的数据，本章在粮食作物虚拟水贸易足迹影响因素理论分析的基础上，运用因子分析的方法讨论渭河流域粮食作物虚拟水贸易足迹的影响因素。

二　生态系统服务支付意愿影响因素分析

（一）计量模型构建

在分析流域水资源生态系统服务支付意愿的影响因素之

前，需要对居民的支付意愿进行测算。本章在测算居民支付意愿时采用条件价值评估法（Contingent Valuation Method，CVM）。CVM 问卷通过两次预调研经过修改之后是否能最终确定下来，这主要体现在与支付意愿有关的问题能否被参与调查者理解和接受。问卷引言部分阐述了陕西省渭河流域水资源生态系统服务现状，以及流域现在所面临的生态环境问题。这里包括了《渭河流域重点治理规划》中涉及的主要环境治理措施，特别是流域环境治理和保护对流域居民生活、生产的具体要求，让被调查者清楚了解问卷调查目的所在。问卷的核心内容主要分为以下三个部分：第一部分为流域居民对渭河流域生态环境认知情况调查，包括对各生态属性指标的认知情况和对生态系统服务付费必要性的认知情况调查；第二部分为流域居民对生态系统服务的支付意愿调查，这里采用开放式（Open - Ended）技术直接询问被调查者的最大支付意愿①；第三部分为流域居民基本情况调查，包括居民个体特征及家庭社会、经济特征等。

　　本章的实地调研与第六章的水资源非市场价值评估调研为同一套数据（具体见附录部分），这里基于 CVM 的支付意愿就是在选择实验模型问卷调查的基础上直接询问居民的最大支付意愿。通过居民支付意愿的调查可以得到，在 900 份有效调查问卷中，有 695 户居民愿意为陕西省渭河流域水资源生态系统服务改善支付一定的费用，即支付率达到了 77.22%。本章以这 695 份 WTP 非零值为因变量，受访者个人社会、经济特征以及对生态系统服务付费认知情况为自变量，对受访者愿意

---

① CVM 问卷的设计方式主要可分为开放式（Open - Ended）、支付卡式（Payment Card）和二分式（Dichotomous Choice）三种，这里之所以选择开放式问卷设计是因为问卷设计的简单和方便。

支付的影响因素进行分析。由于在回答支付意愿问题时，受访者习惯用像 50、150、200 这样的整数，使得最大支付意愿表现为离散的数据特征，因此本文采用有序 Probit 模型来分析影响公众支付意愿的主要影响因素。

在有序 Probit 模型中，存在一个潜在的连续变量 y_i^*，代表个体在做出选择时得到的效用：

$$y_i^* = \beta X_i + \varepsilon_i \qquad (7-1)$$

式中，X_i 表示与个体 i 相关的影响因素变量的向量集，β 表示待估计参数向量，ε_i 表示服从标准正态分布的随机误差项（Greene and Hensher，2010）。由于 y_i^* 为不可观测变量，所以要对可观测的排序数据 y_i 进行决策规定：

$$y_i = 1 \qquad \text{if } 0 < y_i^* < w_1 \qquad (7-2)$$

$$y_i = 2 \qquad \text{if } w_1 \leqslant y_i^* \leqslant w_2 \qquad (7-3)$$

$$y_i = 3 \qquad \text{if } w_2 < y_i^* < +\infty \qquad (7-4)$$

式中，w_1、w_2 为两个切断点，依据此决策，将样本最大支付意愿分为以下三个层次：$y = 1$，if $0 < y^* < 200$，占样本总体的 16%；$y = 2$，if $200 \leqslant y^* \leqslant 300$，占样本总体的 57%；$y = 3$，if $300 < y^* < +\infty$，占样本总体的 27%。

（二）数据来源和变量选取

为了探究流域居民对陕西省渭河流域水资源生态系统服务支付意愿的影响因素，本章通过构建支付意愿影响因素的计量模型，进一步明确其显著性和影响程度。模型的变量选取情况如下。

模型的因变量即为流域居民对陕西省渭河流域水资源生态系统服务的支付意愿，具体变量取值按照公式（7-2）、公

式（7-3）、公式（7-4）进行赋值，即根据支付意愿大小对
因变量进行定序排列。

根据前人研究和本章研究的具体情况，模型引入以下四组
解释变量：①居民个体特征变量，包括受访者年龄（AGE）、受
访者性别（GENDER）；②居民家庭特征变量，包括居民家庭年
收入（INCOME）、居民家庭社会地位（STATUS）；③居民生活
环境变量，即受访者是否为农村居民（VILAGE）；④居民环境
认知变量，即居民为环境付费的必要性（PAY），这在一定程度
上代表了受访者认知生态系统服务改善相对于经济发展的重要程
度。具体的变量名称、含义及预期方向见表7-1。

表7-1　支付意愿影响因素模型变量解释

变量名称	变量含义	变量类型	变量赋值	预期方向
Y	支付意愿	因变量	1 = (0, 200)； 2 = [200, 300]； 3 = (300, +∞)	—
AGE	受访者年龄	个体特征变量	受访者实际年龄（岁）	?
GENDER	受访者性别	个体特征变量	1 = 男；0 = 女	?
INCOME	家庭年收入	家庭特征变量	1 = (0, 30000) 2 = [30000, 70000] 3 = (70000, +∞)	+
STATUS	家庭社会地位	家庭特征变量	1 = 有公务员或村干部； 0 = 没有公务员或村干部	+
VILAGE	是否为农村居民	生活环境变量	1 = 农村居民； 0 = 城市居民	—
PAY	为环境付费的必要性	环境认知变量	1 = 不必要； 2 = 有些必要； 3 = 比较必要； 4 = 必要；5 = 非常必要	+

在有支付意愿的 695 份问卷中，支付意愿的最小值为每年每户 10 元，样本数为 5；支付意愿的最大值为每年每户 3000元，样本数为 3。对调查结果中 695 份支付意愿大于零的问卷进行整理，得出最大支付意愿投标额的频率分布图（见图 7 - 1）。由图 7 - 1 可知，695 个投标额中，频率最大的为每年每户 200元，约占样本总体的 30%；其次为每年每户 300 元，约占样本总体的 26%。支付意愿基本呈现为正态分布。

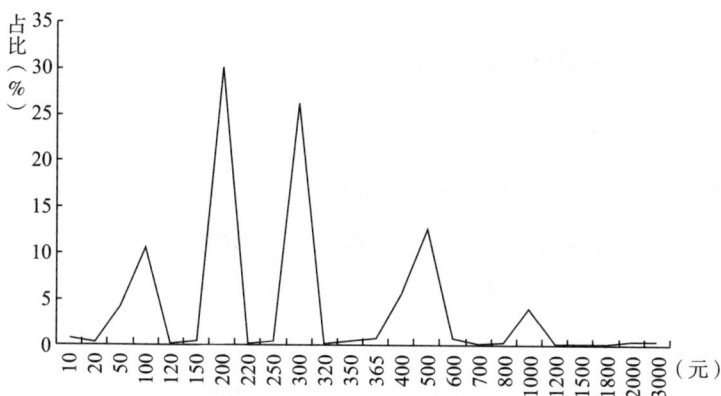

图 7 - 1 渭河流域生态系统服务正支付意愿频率分布形态

表 7 - 2 列出了所有变量的描述性统计数据。从表 7 - 2 可以看出，受访者的平均环境认知水平（为环境付费的必要性）较高，表明陕西省渭河流域居民对水资源生态系统服务改善具有较强的支付意愿。

表 7 - 2 各变量基本统计描述

变量	均值	标准差	最小值	最大值
支付上限（元）	322.79	296.75	10.00	3000.00
支付意愿	2.10	0.65	1.00	3.00
受访者年龄（岁）	41.18	12.88	16.00	78.00

续表

变量	均值	标准差	最小值	最大值
受访者性别	0.57	0.49	0	1.00
家庭年收入（万元）	1.93	0.73	1.00	3.00
家庭社会地位	0.26	0.44	0	1.00
是否为农村居民	0.50	0.50	0	1.00
为环境付费的必要性	3.39	1.20	1.00	5.00

（三）模型回归结果分析

本章对水资源生态系统服务支付意愿的影响因素分析中，利用软件 Eviews 6.0 对有序 Probit 模型进行极大似然估计，模型的估计结果如表 7 – 3 所示。表 7 – 3 中的估计结果通过了对数似然比检验和 LR 检验，且大部分解释变量通过了 Z 检验，说明模型整体估计结果较理想。模型对支付意愿分类的两个切断点估计系数 Limit_2 和 Limit_3 分别在 10% 和 1% 的水平上显著，表明选取随机误差项为服从标准正态分布的有序 Probit 模型是合适的（Greene，2003）。如果回归结果的解释变量系数为正，表示该解释变量越大，潜变量 y^* 取值越大，从而显变量 y 处于更高等级的概率越大。如果回归结果的解释变量系数为负，表示该解释变量越大，潜变量 y^* 取值越小，从而显变量 y 处于更低等级的概率越大。按照这一原理，对模型估计结果做出如下具体分析。

在居民个体特征变量中，受访者年龄这一变量通过了 10% 的显著性检验，且其估计系数为负，说明与年长受访者相比，年轻受访者具有更高的支付意愿。受访者性别这一变量在 1% 的程度上显著为正，说明与女性受访者相比，男性受访者具有明显更高的支付意愿。

在家庭特征变量中，居民家庭年收入变量对流域水资源生态系统服务支付意愿的影响不显著，这可能是由于目前陕西省渭河流域居民的收入更多地用于家庭生活的消费，而对流域水资源生态系统服务这种环境物品的消费在一定程度上不受收入多少的影响。家庭社会地位变量通过了5%的显著性检验，且估计系数为正，说明随着居民家庭社会地位的提高（家里有公务员或村干部），其社会责任感也会增强，进而对水资源生态系统服务这种公共物品消费有更大的偏好，即具有更高的支付意愿。

从居民生活环境变量（受访者是否为农村居民）来看，模型估计结果通过了5%的显著性检验，且估计系数为负，说明与农村居民相比，陕西省渭河流域城市居民对流域水资源生态系统服务的改善具有更高的支付意愿。

从环境认知变量来看，为环境付费的必要性这一变量在1%的水平下显著，且估计系数为正，这体现了陕西省渭河流域居民的环境认知与付费行为的一致性。对流域水资源生态系统服务改善认知较高的受访者，同时也愿意为流域水资源生态系统服务这一环境物品带来的正外部性进行一定的生态付费，以获取更高的个人福利变化。

表 7 - 3　支付意愿影响因素的 Ordered Probit 模型估计结果

变量名称	系数	标准差	Z 统计量	P 统计量
AGE（受访者年龄）	- 0.0072*	0.0038	- 1.9112	0.0560
GENDER（受访者性别）	0.4656***	0.0935	4.9775	0.0000
INCOME（家庭年收入）	0.0249	0.0641	0.3883	0.6978
STATUS（家庭社会地位）	0.2426**	0.1058	2.2933	0.0218

变量名称	系数	标准差	Z 统计量	P 统计量
VILAGE（是否为农村居民）	− 0.2409**	0.1022	− 2.3567	0.0184
PAY（为环境付费的必要性）	0.2030***	0.0368	5.5104	0.0000
Limit_2	− 0.3962*	0.2382	− 1.6635	0.0962
Limit_3	1.3163***	0.2416	5.4486	0.0000
Log – Likelyhood（LL）值	− 637.8794			
LR 值	71.6137			
Prob（P 值）	0.0000			
Pseudo – R² （伪判决系数）	0.0532			
Observations（观察值）	695			

注：***、**、* 分别表示模型估计系数在 1%、5% 和 10% 的水平上显著。

三 流域粮食作物虚拟水贸易足迹影响因素分析

本部分先从理论上对陕西省渭河流域粮食作物虚拟水贸易足迹可能存在的影响因素进行分析，在理论分析的基础上，选取合适的指标对流域粮食作物虚拟水贸易足迹的影响因素进行因子分析，以寻求各影响因子中的主要因子。

（一）理论分析

1. 自然因素

由第五章中有关流域粮食作物虚拟水贸易足迹的计算公式可知，流域每种作物的虚拟水贸易足迹等于该作物的生产水足迹与作物贸易量的乘积。作物生产水足迹为流域内生产该作物所消耗的水资源量，它为作物蓝水足迹与作物绿水足迹的和，且与作物绿水蒸发蒸腾量、田间作物蓝水蒸散量和灌溉输配水中的消耗性损失直接相关（史利洁等，2015）。因此，所在流域的温度、风速、相对湿度、日照时数和降水量等自然因子的大小都会影响作物生产水足迹的大小。

从农业资源的角度来看，水资源和耕地资源是农业生产活动的重要投入因素，且这两种资源为农业生产中不可替代的基本要素。区域之间水资源和耕地资源要素禀赋的差异是导致区域农产品比较优势差异的根本原因，也是实施农产品虚拟水贸易的前提因素。因此，水资源和耕地资源的总量以及两种自然资源的利用效率是流域虚拟水贸易足迹大小的重要影响因素。

2. 社会因素

社会因素主要是通过影响流域水密集型产品（特别是粮食作物）的消费量而影响其进口量，进而影响流域虚拟水贸易足迹的大小。在农作物生产水足迹不变的前提下，如果流域内部人口增长，将会增加流域居民对实体水消费的同时，增加对水密集型产品（如粮食作物）的需求。因此，人口增加带来的虚拟水需求的增加必将会导致流域虚拟水贸易足迹的增大。

除了人口数量的影响以外，人口结构的变化也会影响流域虚拟水的需求，进而影响流域虚拟水贸易足迹的变化。第五章的实证结果表明，陕西省渭河流域农村居民的玉米和小麦的口粮消费量明显高于城镇居民，而农村居民的稻谷口粮消费量明显低于城镇居民。当然，这也与流域内部居民的饮食结构有明显的关系。因此，社会因素对不同流域虚拟水贸易足迹大小的影响是一个综合复杂的系统。而目前在这方面的研究也只局限于简单的定性讨论，很难将其进一步进行量化研究。

3. 经济因素

流域经济的发展对其粮食作物虚拟水贸易足迹的大小也有一定的影响。流域经济体对水密集型产品的购买能力决定了水密集型产品的贸易量，进而会对流域虚拟水贸易足迹的大小产生影响。这里的水密集型产品的购买能力既包括在国内市场上从流域外地区进口水密集型产品的能力，也包括从国际市场上进口水密集型产品的外汇储备能力。因此，流域 GDP 总量、流域城乡居民收入水平等是流域虚拟水贸易足迹大小影响的经济因素指标。

流域的贸易环境的变化也会对流域虚拟水贸易足迹大小产生一定的影响。这里的贸易环境主要是指水密集型产品（如粮食作物）流通的顺畅程度。因此，流域与流域外部物流便利程度、流域农产品国内和国际市场的完善程度等因素也是流域虚拟水贸易足迹大小影响因素的重要指标。

4. 政策因素

流域虚拟水贸易是借助粮食作物等水密集型产品的市场杠杆作用实现的，因此粮食市场供需的不确定性必然会导致国内和国际粮食市场进出口不确定性的增加。与之对应的流域水资源管理政策和流域粮食安全政策的制定是流域虚拟水贸易实施的保障。另外，流域贸易政策（贸易壁垒、关税、配额的制定）也会通过宏观调控流域农产品国内、国际贸易市场进一步影响流域虚拟水贸易足迹的大小。但学者们很难找到一个表征流域政策的指标来衡量政策因素对流域虚拟水贸易足迹大小的影响。

（二）因子分析

在上述理论分析的基础上，为了进一步分析流域粮食作物虚拟水贸易足迹的影响因素，本章利用统计学中因子分析的方法对流域虚拟水贸易足迹影响因素进行公因子提取，寻求流域虚拟水贸易足迹的主要影响因素。选取的具体指标如表 7 - 4

所示。其中，降水量、平均气温和日照时数表征的是自然因素的影响；常住人口和城镇化率表征的是社会因素的影响；GDP总量、进出口总额和货运量表征的是经济因素的影响。由于政策因素很难在指标上进行量化，故在此因子分析部分不做分析研究。

1. **数据来源和统计描述**

表 7-4 中的数据由《陕西省统计年鉴》（2011—2015）和《中国城市统计年鉴》（2011—2015）整理得到。其中常住人口、GDP总量、进出口总额和货运量为流域所在五个地市①的加总数据；降水量、平均气温和日照时数为流域所在五个地市的平均值；由于数据获取条件的限制，很难获取五个地市的城镇居民常住人口，因此，城镇化率由流域五个地市的户籍非农业人口除以流域五个地市的户籍总人口所得。各个指标的样本统计描述如表 7-4 所示。从每个指标的标准差来看，常住人口、城镇化率和平均气温在 2010—2014 年差异较小，其他指标均呈现出较大的差异。

表 7-4 2010—2014 年陕西省渭河流域虚拟水贸易
足迹影响因素指标

变量	均值	标准差	最小值	最大值
常住人口（万人）	2337.36	1.58	2321.68	2352.56
城镇化率（%）	44	3	40	46
降水量（mm）	600.91	130.38	475.20	799.90
平均气温（℃）	13.73	0.66	13.08	14.70
日照时数（小时）	1870.61	115.46	1776.86	2060.42

---

① 五个地市为西安市、宝鸡市、铜川市、渭南市和咸阳市，后同。

续表

变 量	均值	标准差	最小值	最大值
GDP 总量（亿元）	8731.55	1843.24	6305.61	10969.80
进出口总额（万美元）	4465426	6653234	1149680	16355027
货运量（万吨）	73875	11737.59	57340	86004

2. 因子分析

本部分运用 Stata 12.0 软件，可以将数据方差标准化，建立各个变量之间的相关系数矩阵，计算得出的因子的特征值、贡献率和累计贡献率如表 7－5 所示。

表 7－5　因子特征值和贡献率

因子	特征值	贡献率（%）	累计贡献率（%）
因子 1	5.35	67	67
因子 2	1.53	19	86
因子 3	0.76	10	96
因子 4	0.35	4	100
因子 5	0	0	100
因子 6	0	0	100
因子 7	0	0	100
因子 8	0	0	100

从表 7－5 可以看出，因子分析中特征值大于 1 的因子共有两个，前两个主因子的贡献率分别为 67% 和 19%，两个主因子的累计贡献率达到了 86%，信息量已经充分体现了原始因子信息，其因子分析得到的碎石图如图 7－2 所示，因此共提取两个主因子。在两个因子中，第一个因子起到了主导

作用。

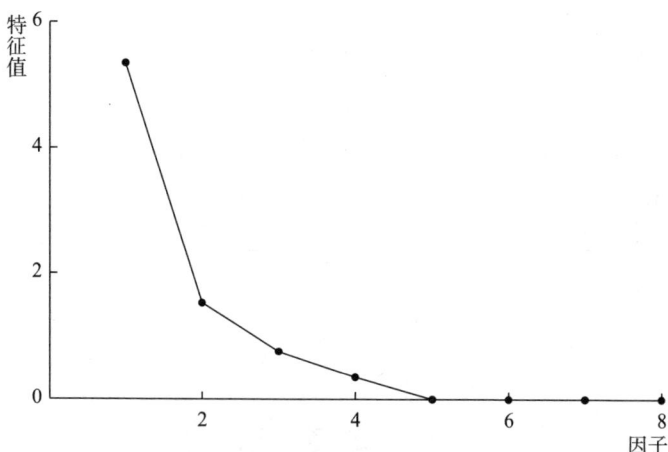

图 7 - 2　因子分析主成分选择的碎石图

　　将初始因子进行旋转，可得到旋转因子的载荷矩阵，如表 7 - 6 所示。从表 7 - 6 可以看出，在起主导作用的第一因子中，常住人口、城镇化率、GDP 总量、进出口总额和货运量具有较大的因子载荷。这些因子对应理论分析中的社会因素和经济因素。在第二主因子中，降水量、平均气温和日照时数具有较大的因子载荷。这些因子对应理论分析中的自然因素。结合前面因子特征值和贡献率的结果可以得出结论：在陕西省渭河流域虚拟水贸易足迹的影响因素中，起主导作用的是社会因素和经济因素，自然因素对陕西省渭河流域虚拟水贸易足迹的影响相对较弱。

表 7 - 6　旋转因子的载荷矩阵表

指标	第一主因子	第二主因子
常住人口（万人）	0.96	0.29
城镇化率（%）	89	40

续表

指标	第一主因子	第二主因子
降水量（mm）	0.10	0.79
平均气温（℃）	0.30	0.84
日照时数（小时）	0.35	0.84
GDP 总量（亿元）	0.95	0.30
进出口总额（万美元）	0.86	0.22
货运量（万吨）	0.81	0.50

四 本章小结

本章分别从流域水资源非市场价值（流域居民对生态系统服务的支付意愿）和流域虚拟水贸易足迹两个方面分析了流域虚拟水贸易足迹非市场价值的影响因素。

在流域居民对生态系统服务支付意愿的影响因素方面，基于来自陕西省渭河流域居民的微观调研数据，在 CVM 对流域生态系统服务中居民的支付意愿进行测算的基础上，运用有序 Probit 模型对支付意愿的影响因素进行了实证分析，主要得到以下结论：居民对流域生态系统服务的支付意愿主要受到受访者个体特征、家庭特征、生活环境以及环境认知等方面的影响，其中居民社会地位和居民环境认知程度对其支付意愿具有显著的正向影响，受访者年龄和是否为农村居民对其支付意愿具有显著的负向影响，男性受访者与女性受访者相比具有显著更高的支付意愿，而居民家庭年收入状况对其支付意愿影响不显著。

在流域虚拟水贸易足迹的影响因素方面，采用定性分析的方法，从自然因素、社会因素、经济因素和政策因素四个视角分析了流域虚拟水贸易足迹的影响因素和可能进一步进行深入研究的影响指标。通过因子分析方法得出结论：在陕西省渭河流域虚拟水贸易足迹的影响因素中，起主导作用的是社会因素和经济因素，自然因素对陕西省渭河流域虚拟水贸易足迹的影响相对较弱。由于很难获取政策因素和其他部分社会因素的指标数据，本章在因子分析过程中的指标选取存在一定的缺陷，希望在今后长期的探索中不断完善流域虚拟水贸易足迹影响因素的定量研究框架。

▶ 第八章
纳入非市场价值的粮食作物虚拟水贸易足迹响应方案设计

一 引言

在第五章到第七章实证分析的基础上,本章拟提出相应的纳入非市场价值的粮食作物虚拟水贸易足迹响应方案。在不考虑非市场价值时,流域的粮食作物虚拟水贸易足迹响应方案主要是考虑应该如何做,才能减少流域的水足迹值,且通过粮食作物等水密集型产品的贸易策略,达到优化流域水资源管理的目的。因此,本章首先讨论了在不考虑非市场价值时流域粮食作物虚拟水贸易足迹的响应方案,即各行为主体对该方案应有的响应策略。其次,如果将非市场价值纳入流域粮食作物虚拟水贸易足迹的研究后,其响应方案应该在流域水资源配置方面进行更深入的讨论。农业用水和生态用水之间的矛盾应该是本书将非市场价值纳入研究框架之后的讨论重点。最后,针对农业水资源市场价格和水资源非市场价值之间的关联,本章将对农业水价的修正进行进一步的讨论。本书认为,特定区域内纳入非市场价值的粮食作物虚拟水贸易足迹响应方案主要应该考虑两个方面的问题:①流域粮食作物虚拟水贸易战略视角下的水资源管理响应方案；②流域内关于农业水价的讨论。本章将对这两个方面展开研究和讨论。

二　虚拟水贸易战略视角下流域水资源管理响应方案

在虚拟水贸易战略视角下，流域的水资源管理问题主要应该考虑以下几个方面：怎样做才能减少流域内的水足迹？谁去做？花费多少？什么时间去做？特别是当进行响应方案的范围设定时，要明确"谁来响应"的问题。流域水资源的消费使用是与其消费模式密切相关的，所以消费者应该对其消费行为（也包括消费者间接使用的水资源）负责。按照这样理解，流域水资源的消费者应该对其水足迹负责，进而在流域水资源管理中扮演着重要的响应角色。同时，流域生产者负责提供可持续的水密集型产品，这意味着流域水密集型产品的生产者也在流域水资源管理中扮演着重要的响应角色。当然，投资者在进行各种投资决策时，也应该将流域水资源利用的可持续性纳入决策范围。另外，水资源具有公共产品的属性，政府在水资源的供需调配上应该采取一定的宏观措施，避免"公地悲剧"的发生，以确保流域水资源的可持续利用。

（一）消费者

为确保消费者水足迹的可持续性，流域内的消费者应从直接水足迹和间接水足迹两个方面使得流域水足迹的成分最小化。

在直接水足迹方面，流域消费者可以通过一系列的节水措施尽量降低流域水资源的消耗。例如，流域消费者可以安装节水龙头、节水马桶，刷牙时关闭水龙头阀门，对生活水进行二次利用等措施都会降低流域的总水足迹。

在间接水足迹方面，主要有两种途径。一种是消费者选择从流域外水足迹低于本流域的地区进口水密集型产品进行消费。然而很多时候，消费者并不能获取有关各种产品水足迹的信息，所以消费者能做的就是要求企业增强产品的透明度以及要求政府加强调控以尽量减少信息的不对称。当一个特定的水密集型产品对流域水资源影响的信息可获得时，流域消费者便可以有意识地进行选择性消费。另一种是消费者改变消费结构，即消费者在进行必要的消费时，尽量选择水密集型产品的替代品。例如少吃肉类食品或者成为素食主义者，喝白开水替代喝咖啡，少穿棉制衣物和人造纤维衣物等。然而这种方法的局限性在于很多消费者很难改变自己的消费偏好。

（二）农民

从广义上来讲，一个流域的企业可以通过在经营过程中尽量减少水资源的消耗以达到降低流域水足迹的目的。流域农业生产者（农业企业、农业合作社、农户等）作为一种特殊的企业，其农业生产行为对于流域水足迹的大小会产生一定的影响。例如，对于从事畜牧业的农民来说，应该关注他们自己生产或者购买的饲料的水足迹；对于从事种植业的农民来说，不同农业分区的水资源管理响应方案也应该有所不同。较为湿润的雨养农业区持有雨量是一定的，提高水资源的生产率可减少作物生长的绿水足迹，进而为流域节约大量的水资源。而在较为干旱的灌溉农业区，可以通过滴灌技术的采纳以及用水理念的转变大大减少流域内的蓝水足迹。例如，采用滴灌技术代替喷灌或者沟灌能够大大减少水分的蒸发。此外，传统农业生产以产量最大化为目标进行作物充分灌溉，而在干旱半干旱地区往往采用非充分灌溉技术①替代充分灌溉技术却是更合理的决策，这种灌溉理念是以水资源生产率最大化，而不是作物产量为目标。

（三）投资者

投资者在流域水资源管理中的作用在国外一直受到较高的重视，因为流域企业（投资者）如果没有针对流域水资源管理做出一定响应的话，可能会面临一系列的商业风险（Levinson et al.，2008；Pegram et al.，2009；Barton，2010）。首先，淡水资源的短缺会影响产业供应链和企业的自身经营；其次，大众和媒体往往对企业能否妥善解决可持续和公平用水问题十分关注，所以供应链管理和企业自身经营中的水资源过度消耗可能对企业的声誉构成威胁；最后，政府的宏观调控和干预也会对企业（投资者）产生压力，未来环境法规调控的不确定性也使得企业面临一定的风险，因此企业不能忽视未来政策（法规）的风险而提前采取一定的行动。以上三种风险都可能转化为企业（投资者）的经济风险，即增加企业成本或降低企业收益。

实际上，企业也可以将淡水资源短缺带来的风险转化为机遇。企业可以将生产进行透明化，针对水足迹减量设定具体的可量化的目标，采取实际的淡水资源节约措施，并转化为企业的竞争优势。另外，流域淡水资源的节约也应该是企业社会责任的体现。

（四）政府

合理的水资源管理政策要求政府将可持续的水资源利用目

---

① 非充分灌溉技术是指，在作物生长的干旱阶段进行灌溉，而在非干旱时期限制灌溉，甚至在降雨能够提供最低限度的需水时不进行灌溉。

标应用于其他政策中。政府需要将环境可持续性、社会公平性
和经济有效性目标在其他农业、工业、能源、环境等政策中得
以体现。不同部门之间的政策一致性很重要。例如，如果水资
源匮乏流域（地区）的一个农业政策导致水资源需求的加剧，
那么狭义的传统水资源管理政策变得毫无意义。流域虚拟水贸
易足迹的核算对政府制定流域其他各种政策（农业政策、工业
政策、能源政策、贸易政策、发展合作政策等）起到了基础
作用。

政府制定减少流域水贸易足迹的关键措施包括：①提升流
域消费者和生产者对水资源价值的认知；②开发经济社会各个
部门的节水技术；③重构流域水价机制，使得产品的成本涵盖
水资源投入的全部成本；④提高水密集型产品在整个供应链上
的透明度。这些措施需要跨流域、跨部门，甚至是国际上的合
作。政府的某项水资源管理政策往往被分解为不同的政策层次
和领域，所以真正的任务是找出在不同层次和领域应该采取什
么样的措施来增强行动的一致性。

（五）响应方案框架

总结起来，可将虚拟水贸易战略视角下流域水资源管理响
应方案归纳为如图 8-1 所示。该响应方案共分为三个部分。
左边虚线框内为虚拟水战略视角下流域水资源管理响应方案的
实施目标，即确保流域水资源的有效利用和流域农业的可持续
发展；中间实线框内为虚拟水战略视角下流域水资源管理响应
方案的参与主体，即前文所分析的流域消费者、流域生产者
（主要是农民）、流域投资者（主要是企业）以及流域所在的
政府管理部门；右边虚线框内为虚拟水战略视角下流域水资源
管理响应方案的政策，即可能与流域水资源管理政策相互协同

关联的农业政策、环境政策、能源政策、贸易政策等。另外，在考虑流域水资源的非市场价值时，会对原来的与流域水资源配置相关的一系列政策具有一定的影响。

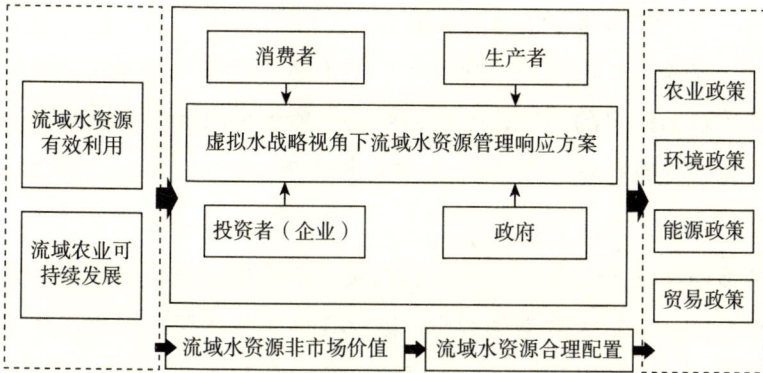

**图 8 - 1　虚拟水贸易战略视角下流域水资源
管理响应方案**

将非市场价值纳入流域粮食作物虚拟水贸易足迹的研究时，其响应方案应该进行另一层面的讨论。水资源的非市场价值主要考虑的是水资源生态系统服务为流域居民带来的调节服务、支持服务、文化服务等被市场所忽略的价值，所以需要在流域水资源配置政策制定过程中将该部分价值考虑进去。通过第五章和第六章关于陕西省渭河流域虚拟水贸易足迹的市场价值和非市场价值的测算和对比分析可以发现，该部分水资源的非市场价值超过了其市场价值。因此，在陕西省渭河流域，通过粮食作物等水密集型产品的贸易战略为流域节约的水资源在配置过程中应该更多地利用于流域生态环境的补给，而并非粮食作物等农产品的生产。当然，除了生态补给和农业生产以外，工业生产和居民生活也需要消耗一定数量的水资源。本书认为，与农业相比，工业并非水密集型产业，其水资源配置问题并非流域水资源管理政策制定者考虑的重点。居民生活除了消耗直接的水资源以外，也会大量消耗如粮食作物这样的水密集型的农产品，通过虚拟水贸易战略解决了流域居民对该部分隐形的水资源需求的同时，应该更多地关注流域生态环境的改善给流域居民带来的福利变化。

在流域生态环境补给用水中，还要考虑在不同群体之间生态水资源配置的问题，因为针对某一项水资源生态系统服务的改善，很有可能给不同群体带来的效用变化是不同的。例如，通过本书第六章的实证分析发现，在陕西省渭河流域，针对森林覆盖率这一生态系统服务功能属性的改善，城镇居民相比农村居民具有较大的支付意愿，因此在陕西省渭河流域生态环境补给用水配置过程中，应该提高城市绿化用水的比例，以满足城镇居民对这一生态系统服务功能属性改善的需求。除此之外，可以进一步研究流域上、中、下游居民在不同的生态系统服务功能属性改善方面的支付意愿的差异（即需求差异），进一步对流域水资源在流域不同地区之间进行生态补给用水配置产生指导意义。因此，将流域水资源的非市场价值纳入流域粮食作物虚拟水贸易足迹进行研究时，还要考虑流域水资源各生态功能属性的非市场价值，尤其是流域居民对各生态功能属性的偏好异质性问题。针对不同的公众群体，也应该制定出差别化的流域水资源配置政策和其他与流域粮食作物虚拟水贸易相关的农业政策、环境政策、能源政策以及贸易政策等，以提高流域公众的福利和得到更多公众的支持。

三　关于农业水价的讨论

水资源管理中另一个重要的问题就是关于水密集型产品中水价格的确定问题。从虚拟水贸易的视角来看，如果水价在水密集型产品价格中被持续低估，贸易自由化将不能导致生产和贸易成果的优化。一个典型的例子就是虚拟水贸易的出口悖论，即水密集型产品（主要是农作物）大规模地从水资源高度紧缺的地区出口到其他地区。这种现象发生的原因就是水资源价格被低估而进行了错误的农业和贸易政策导向。由于农业产业的弱势地位，各个国家和地区都对农业领域有着直接或间接的补贴，但是这些补贴大部分都是对农民的直接补贴以及农业进出口贸易补贴等，很少有人关注水资源价格在农产品价格中被低估这一事实，所以并未将水资源价格因素纳入政策制定的范畴。

应对以上水资源价格问题的响应策略建立一个全球水价体系，这一个体系的水资源价格应该包含水资源的全部成本，除了投资、运行、维护成本以外，水资源的稀缺性（机会成本）以及水资源使用的负外部性也需要囊括其中（Hoekstra，2011）。一方面，严格水价政策的实施会对一个国家（地区）内部水密集型产品生产商的竞争力构成一定的威胁。另一方面，国内（地区）内消费者对价格较高的本地产品的抵触，也会降低严格水价政策从单方面实施的可能性。根据全球水价体系战略，即便是消费者的住所离生产地很远，水资源的稀缺性也会转化为稀缺成本，进而影响消费者的决策和消费行为。

除了成本以外，水资源给人类带来的收益也是水资源定价时应该考虑的方面。衡量水资源给消费者带来的收益大小，即水资源给人们带来的福利大小的测算，这是本书第五章中涉及的水资源价值评估的问题。水资源的全价值（包括市场价值和非市场价值）应该是区域水资源定价的一个重要依据。图 8-2 为本书分析的水资源定价原理示意图。其中，左边虚线框内为水资源定价的目的，即解决国家（地区）的农业政策扭曲和虚拟水贸易出口悖论问题；中间的主体部分为水资源定价的原则，即以水资源成本核算为下限，以水资源收益评价为上限；右边虚线框内为水资源定价的政策，即国家（地区）的农业用水政策、虚拟水贸易政策等。

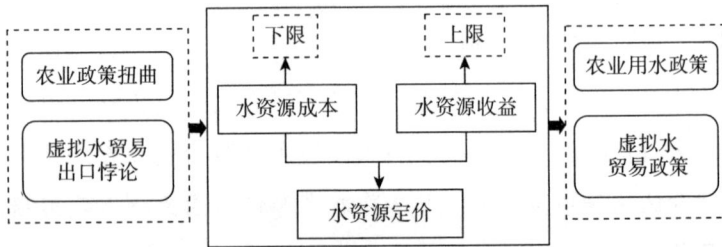

图 8－2　水资源定价原理

现有的农业灌溉用水价格并未考虑水资源全价值的问题，如果将水资源的非市场价值纳入这个政策制定的分析中，会使得农业灌溉用水价格上升，因为大量的水资源被用作农业生产时，全社会付出的是该部分水资源被用作生态补给的机会成本。而在不同的地区，不同农作物的水资源消耗系数有很大的差异，因此，应该在不同的区域，针对不同的作物品种生产用水制定差别化的农业用水价格，并合理地将水资源的非市场价值考虑在内，以制定有效的农业用水政策。

四　本章小结

本章分别从流域虚拟水贸易战略视角下的水资源管理响应方案和流域内关于农业水价的讨论两个方面分析了纳入非市场价值的粮食作物虚拟水贸易足迹响应方案。

在流域粮食作物虚拟水贸易战略视角下的水资源管理响应方案中，流域水资源管理的目标是实现流域水资源的有效利用和流域农业的可持续发展。在这两个发展目标的驱动下，需要流域的消费者、生产者（主要是农民）、投资者（主要是企业）和流域政府共同参与管理。在所有主体共同进行正向的决策响应时，将会结合流域虚拟水贸易战略，配套产出其他一系列响应政策（如农业政策、环境政策、能源政策、贸易政策等）。另外，在将水资源的非市场价值纳入该响应方案时，应该对流域水资源配置相关政策的制定进行一定的调整，其中包括流域虚拟水资源在农业生产用水和流域生态补给用水之间的配置问题，以及在流域生态补给用水内部的配置应该考虑流域内不同居民群体对各生态系统服务功能属性的偏好异质性问题。

在关于农业水价的讨论方面，由于国家（地区）的农业政策发生了严重扭曲，或由于虚拟水贸易出口悖论的产生，国家或地区层面需要制定响应的水价政策。在水价确定时，需要结合水资源的全部成本（包括机会成本和负外部性）和水资源的全价值（水资源收益），确定水资源价值的下限和上限。再将制定的水价政策（主要是农业政策）与其他政策相结合，制定合理的农业用水政策和虚拟水贸易政策。特别是将水资源非市场价值中公众对水资源生态系统服务的偏好异质性考虑进来时，就需要针对不同的群体制定不同的水资源价格。目前国务院在相关资源性产品价格形成机制的工作中已经制定了"阶梯水价"的政策（孙露卉，2014）。流域居民对水资源生态系统服务功能属性的偏好异质性研究对进一步完善和落实"阶梯水价"的实施具有更深层的指导意义。

◆ 第九章

研究结论及政策建议

粮食作物作为一种典型的水密集型产品，其虚拟水贸易足迹的非市场价值与区域甚至是国家的水资源管理政策和粮食贸易政策息息相关。本书在构建纳入非市场价值的虚拟水贸易足迹研究理论框架的基础上，以陕西省渭河流域为例，测算了流域虚拟水贸易足迹的大小及其非市场价值，并从理论和实证两个方面寻求其虚拟水贸易足迹非市场价值的影响因素。综合前面章节的分析，本章对粮食作物虚拟水贸易足迹的研究结论进行评述，并提出本研究结论中蕴含的政策启示。

一 主要研究结论

（一）粮食作物虚拟水贸易足迹

虚拟水贸易足迹的大小同时也直接决定着虚拟水贸易足迹的市场价值。粮食作物作为一种典型的水密集型产品，其虚拟水贸易足迹的测算是区域水资源管理政策和粮食安全政策制定的基础。因此，本书运用陕西省渭河流域 2010—2014 年 5 年间四种粮食作物的生产和消费数据计算了其粮食作物的贸易情况，并运用作物生产水足迹的方法测算了其虚拟水贸易足迹的大小。在此基础上，结合农业水资源的市场价值（农业灌溉水价），计算了陕西省渭河流域粮食作物的虚拟水贸易足迹的市场价值。研究主要得出以下结论。①陕西省渭河流域四种粮食作物中，稻谷和大豆消费量的增加主要来自流域外进口，市场依赖程度较高，而小麦和玉米消费量的增加主要来自流域内生产，市场依赖程度较低。②2010—2014 年陕西省渭河流域粮食作物虚拟水贸易一直处于净输入状态，这在一定程度上缓解了流域水资源短缺的压力。5 年间四种粮食作物平均贸易水足迹为 2.04 亿 m^3。③每种粮食作物的虚拟水贸易足迹值呈现较大的差异。稻谷和大豆的虚拟水贸易足迹值较大，而小麦和玉米的虚拟水贸易足迹值较小。④5 年间，陕西省渭河流域四种粮食作物平均虚拟水贸易足迹的市场价值为 1.29 亿元。

该部分从理论上支撑了 Allan（1993）、Hoekstra（2003）、刘幸菡和吴国蔚（2005）、田贵良（2008）等学者关于虚拟水贸易和水足迹的理论和观点。同时，进一步从实证角度论证了水足迹理论，并以粮食作物为例，测算了流域虚拟水贸易足迹及其市场价值，为虚拟水贸易足迹理论在我国区域粮食作物中的应用提供了新的思路。

（二）水资源非市场价值

水资源的非市场价值评估是虚拟水贸易足迹非市场价值研究的基础，对虚拟水贸易足迹非市场价值的大小产生直接影响。但普通的成本核算以及价值当量的计算很难测算出水资源生态系统服务的全价值（包括其使用价值和非使用价值）。因此，本书运用资源环境经济学中的选择实验模型方法测算流域居民对水资源生态系统服务的支付意愿，得出水资源生态系统服务变化带来的居民福利的变化，进而测算流域水资源生态系统服务的非市场价值，并就居民对水资源生态系统服务的偏好异质性和边际支付意愿进行分析。研究发现如下。

（1）陕西省渭河流域居民对其生态系统服务具有较强的偏好和偏好异质性。CE 模型模拟结果表明，城乡居民期待陕西省渭河流域水资源生态系统服务得到一定的改善。从 Mixed Logit 模型的隐含价格测算结果可以看出，居民对水质（以级别为单位）和水量（以%为单位）等生态系统服务功能具有较高的支付意愿，分别为 88.84 元/（年·户）和 11.19 元/（年·户）。对水土流失强度改善（以级别为单位）和生态旅游条件改善（以%为单位）等生态系统服务功能具有较低的支付意愿，分别为 24.08 元/（年·户）和 2.65 元/（年·户）。从潜类别模型的研究结果可以看出，偏好的异质性主要体现在消费者针对同一生态系统服务功能的支付意愿大小的差异。随着人们收入水平的提高和国民素质的增强，越来越多的消费者会愿意为生态系统服务的各生态功能属性改善支付较高的价格，这会给政府、企业和第三方机构带来更大的激励去改善生态系统服务功能属性。

（2）渭河流域居民对其生态系统服务各生态功能属性支付意愿存在差异。由于本书使用 Mixed Logit 模型和 LCM 对样本进行估算，放宽了样本独立同分布的假设。估算结果表明，渭河流域居民对其生态系统服务的各项生态功能属性指标偏好存在差异。整体来看，渭河流域居民对水资源质量这一生态指标具有最高的支付意愿，对水土流失强度改善这一生态指标具有次高的支付意愿，而对自然景观和生态旅游条件改善等生态指标具有较低的支付意愿。所以今后在渭河流域治理过程中，政府应当加大对水资源质量改善以及对水土流失治理方面的投资力度。

（3）整体上，陕西省渭河流域水资源生态系统服务给人们带来了巨大的效用。通过测算补偿剩余，陕西省渭河流域平均每年每户居民愿意为渭河流域水资源生态系统服务的改善支付414.84元。非市场价值的估算结果表明，2012年陕西省渭河流域水资源生态系统服务的非市场价值为66.15亿元。这一估算价值远高于国家每年对陕西省渭河流域治理的投资金额，所以，在今后的陕西省渭河流域治理中为了提高流域居民的福利和得到更多公众的支持，国家和地方政府应该加大投资力度。另外，通过测算所得，5年间陕西省渭河流域四种粮食作物平均虚拟水贸易足迹非市场价值为1.92亿元。陕西省渭河流域粮食作物虚拟水贸易足迹的非市场价值要大于其市场价值，所以，在制定和完善流域水资源配置政策时，需要重新考虑农业生产用水和流域生态补给用水的配置比例，以达到社会整体配置的最优化。

该部分验证了Birol等（2006）、Colombo等（2009）、谭永忠等（2012）关于公众对环境物品偏好存在异质性的观点，还进一步从连续型和离散型两个角度揭示了这种异质性的特点，从而为我国环境物品价值评估提供了新的研究思路。另外，通过陕西省渭河流域粮食作物虚拟水贸易足迹的市场价值和非市场价值大小的对比，在理论上对要素禀赋理论和比较优势理论进行了补充和完善，在实践中对流域水资源优化配置政策的制定起到了重要的指导作用。

（三）虚拟水贸易足迹非市场价值影响因素

在对虚拟水贸易足迹非市场价值的大小进行测算后，需要从虚拟水贸易足迹和水资源非市场价值两个方面研究虚拟水贸易足迹非市场价值的影响因素。

在流域虚拟水贸易足迹的影响因素方面，首先采用定性分析的方法，从自然因素、社会因素、经济因素和政策因素四个视角分析了流域虚拟水贸易足迹的影响因素和可能进一步进行深入研究的影响指标。在自然因素方面选取的指标有流域降水量、平均气温和日照时数；在社会因素方面选取的指标有流域常住人口和流域城镇化率；在经济因素方面选取的指标有流域GDP 总量、流域进出口总额和流域与外界货运量。然后通过因子分析方法寻求各影响因素对流域粮食作物虚拟水贸易足迹影响的大小，从而得出结论：在陕西省渭河流域虚拟水贸易足迹的影响因素中，起主导作用的是社会因素和经济因素，自然因素对陕西省渭河流域虚拟水贸易足迹的影响相对较弱。

在水资源非市场价值影响因素方面，本书利用流域居民对水资源生态系统服务支付意愿的影响因素来衡量，基于来自陕西省渭河流域居民的微观调研数据，在 CVM 对流域生态系统服务居民的支付意愿进行测算的基础上，运用有序 Probit 模型对支付意愿的影响因素进行了实证分析，研究主要得到以下结论：居民对流域生态系统服务的支付意愿主要受到受访者个体特征、家庭特征、生活环境以及环境认知等方面的影响，其中居民社会地位和居民环境认知程度对其支付意愿具有显著的正向影响，受访者年龄和是否为农村居民对其支付意愿具有显著的负向影响，男性受访者与女性受访者相比具有显著更高的支付意愿，而居民家庭年收入状况对其支付意愿影响不显著。

该部分的研究结论与郑海霞等（2010）关于环境物品的支付意愿的影响因素研究和刘红梅等（2008）、马超等（2012）关于虚拟水贸易的影响因素研究的结论基本一致。同时，本书进一步验证了居民的生态环境认知对环境物品支付意愿的正向影响，且运用因子分析方法进一步分析了各种影响因素对虚拟水贸易的影响程度。本书对我国虚拟水贸易足迹非市场价值的影响因素研究进行了有效的补充，对今后的研究具有一定的参考价值。

（四）虚拟水贸易足迹非市场价值响应方案

在流域粮食作物虚拟水贸易足迹价值量测算及其影响因素分析的基础上，需要针对流域的水资源管理政策和粮食安全政策制定一定的响应方案。因此，本书分别从虚拟水贸易战略视角下的水资源管理响应方案和关于农业水价的讨论两个方面构建纳入非市场价值的流域粮食作物虚拟水贸易响应方案的框架。

在流域粮食作物虚拟水贸易战略视角下的水资源管理响应方案中，流域水资源管理的目标是实现流域水资源的有效利用和流域农业的可持续发展。在这两个发展目标的驱动下，需要流域的消费者、生产者（主要是农民）、投资者（主要是企业）和流域政府共同参与管理。在所有主体共同进行正向的决策响应时，将会结合流域虚拟水贸易战略，配套制定出其他一系列响应政策，如农业政策、环境政策、能源政策、贸易政策等。另外，在考虑流域水资源的非市场价值时，流域的水资源配置政策需要在对比分析流域粮食作物虚拟水贸易足迹的市场价值和非市场价值的前提下，在流域农业生产用水和流域生态补给用水之间进行合理的配置，且在流域生态补给用水配置过程中，注重流域居民对流域水资源生态系统服务功能的偏好异质性，并制定合理的生态补给用水配置政策。

在关于农业水价的讨论方面，由于国家（地区）的农业政策发生了严重扭曲，或由于虚拟水贸易出口悖论的产生，国家或地区层面需要制定响应的水价政策。在水价确定时，需要结合水资源的全部成本（包括机会成本和负外部性）和水资源的全价值（水资源收益），确定水资源价值的下限和上限。再将制定的水价政策（主要是农业政策）与其他政策相结合，制定合理的农业用水政策和虚拟水贸易政策。

该部分的研究总结了 Hoekstra（2011，2013）关于现代消费水足迹的观点，并将水足迹消费与区域（流域）粮食作物虚拟水贸易以及流域水价问题相结合进行了研究和讨论。研究对于我国流域虚拟水贸易政策和流域粮食安全政策的制定具有一定的借鉴意义。

二　政策建议

在现有的相关水资源管理政策制定中，主要存在以下两个方面的问题。一是，水资源的价格被持续低估。水资源的价值应该体现其各种生态系统服务的价值，而基于非市场价值评估的水资源生态系统服务并未纳入政策制定者的视野。而且，在现有的政策制定过程中缺乏对公众偏好异质性的考虑，这使得已有的政策未能得到公众的充分支持。二是，各种相关政策之间缺乏必要的协同关联。在以往的流域水资源政策制定中，只在流域内部考虑水资源的供需和配置问题，导致流域水资源管理政策的制定受到了一定的局限。而虚拟水贸易战略能够拓宽政策制定者的视野，进而从水资源密集型产品贸易的视角解决流域水资源短缺的问题。同时，虚拟水贸易战略需要与其他政策（如粮食安全政策等）协同关联才能发挥其应有的作用。根据研究所得出的结论和现有政策制定中存在的问题，本书提出以下几点政策建议，以期为相关流域水资源管理政策的制定和完善提供依据。

（一）完善流域水资源非市场价值评估机制

微观上，对流域水资源进行非市场价值评估，获得反映公众支付意愿的偏好方程，可以为流域水资源配置及相关政策制定和执行提供可靠的数据基础。首先，流域水资源价值评估的结果可以作为流域生态补偿标准制定的上限。其次，流域水资源价值评估的结果可以作为判定流域水资源生态环境治理政府投资数额标准的参考依据。最后，其价值评估的结果可以为流域水资源定价和水密集型产品定价提供参考依据。

由于地理位置和气候条件等差异，我国各粮食主产区的生态系统服务功能差异也较大，在国内粮食区域间贸易的同时伴随着虚拟水资源的配置。因此，需要在正确对粮食主产区水资源生态系统服务功能进行价值评估的基础上，制定粮食贸易的虚拟水资源生态补偿标准，进而实现我国农业的可持续发展。

（二）从公众参与视角引导居民参与流域水资源管理

2015年4月，国务院印发《水污染防治行动计划》，该计划列出了关于水污染防治的十条具体要求，并首次强调了公众参与的重要性。从政策制定信息角度来看，流域治理过程需要协同多方利益相关者的意愿，尤其是第三方主体（公众）的意愿。公众作为水资源配置方案终端实施者和贯彻者，其政策支持程度影响了政策的最终实施效果。在制定流域水资源管理政策和流域生态治理政策时，需要充分考虑居民对水资源生态系统服务功能偏好的异质性，例如城乡居民、流域上中下游居民等不同参与主体对水资源生态系统服务功能的需求存在明显差异。

另外，公众的生态环境认知情况对流域水资源的非市场价值起到了积极的作用，因此，政府部门需要大力进行宣传，不断提高公众的环境保护意识和生态价值认知程度。除了通过设置宣传牌、广播、电视、报刊等新闻媒体时刻提醒公众要节约资源、保护环境以外，还要广泛通过多种形式进行流域生态系统服务价值方面直观的、与个体福利相关的教育宣传，不断提高生态价值认知程度，增强公众的生态治理参与意愿，不断提高农民的生活福利水平和实现区域经济的可持续发展。

（三）编制流域虚拟水贸易战略规划

之前的流域水资源管理政策的制定都是在流域内部讨论水资源的有效利用，虚拟水贸易战略能够拓宽流域管理者的视野，提高流域水资源需求管理的效率，进而为流域水资源管理有效实施提供可靠保证。战略规划应该在分析水密集型产品（一般为农产品）水足迹和流域公众消费需求的基础上确定流域水密集型产品的生产规模和进出口规模。另外，虚拟水贸易战略规划还应结合其他农业相关政策进行编制，以确保不同政策之间协同关联效用的发挥。例如，粮食作物作为一种水密集型产品，在生产过程中必然会消耗大量的水资源，但为了确保国家和区域的粮食安全，在制定流域虚拟水贸易战略规划时不能只考虑节约流域水资源单方面的因素，还需要综合国内市场的粮食需求和供给情况确定各种作物在粮食主产区的种植面积和进出口规模。

针对本书实证章节选取的陕西省渭河流域，需要在保证流域粮食安全的基础上，适当增加部分品种的进口规模。在"谷物基本自给，口粮绝对安全"的政策指导下，陕西省渭河流域的小麦生产应该确定一个规模底线，以确保流域粮食安全，而对于现有虚拟水贸易足迹值较小的玉米，可以考虑适当扩大进口规模，以满足流域内部大量的工业用粮和饲料用粮需求。

（四）完善流域水资源配置政策

流域水资源具有多重功能属性，人们往往比较重视那些生产功能属性（例如流域水资源在农业生产中发挥着不可替代的重要作用），而忽略了那些生态功能属性（例如流域水土保持和流域生物多样性保护的功能）。同时，流域水资源往往具有稀缺性，所以流域水资源的合理配置对流域经济可持续发展和流域生态环境的改善具有重要的作用。虚拟水资源即为通过粮食作物等水密集型产品的贸易策略为流域节约的水资源。该部分水资源在配置过程中需要对比分析其虚拟水贸易足迹的市场价值和非市场价值。例如，通过本书的实证研究分析发现，陕西省渭河流域的虚拟水贸易足迹非市场价值（2010—2014 年 5 年间平均值为 1.92 亿元）远大于其市场价值（2010—2014 年 5 年间平均值为 1.29 亿元）。所以，该部分水资源在配置过程中应该更多地应用于流域生态环境的补给，而不是粮食生产的灌溉。

另外，水资源在流域生态环境补给用水配置过程中，也要注意流域居民对各生态功能属性偏好的异质性。例如，本书的实证研究发现，陕西省渭河流域的城镇居民和农村居民对林地覆盖率这一生态系统服务功能的偏好存在显著的异质性，且城镇居民对该生态系统服务功能的改善具有更高的支付意愿，所以在针对这一生态环境补给用户的配置时，要增加城镇绿化用水的比例，以满足居民对该生态功能属性的强烈偏好。

▶ 参考文献

操信春、吴普特、王玉宝、赵西宁，2014，《中国灌区粮食生产水足迹及用水评价》，《自然资源学报》第 11 期。

陈晓华，2015，《正确认识和把握国家粮食安全新战略——在中国农业经济学会年会上的致辞》，《农业经济问题》第 1 期。

程国栋，2003，《虚拟水——中国水资源安全战略的新思路》，《中国科学院院刊》第 4 期。

成升魁、甄霖，2007，《资源流动研究的理论框架与决策应用》，《资源科学》第 3 期。

程中海，2013，《干旱区绿洲农产品虚拟水贸易足迹实证研究——以新疆为例》，《国际贸易问题》第 10 期。

樊辉、赵敏娟，2013，《自然资源非市场价值评估的选择实验法：原理及应用分析》，《资源科学》第 7 期。

谷一桢、郭睿，2008，《轨道交通对房地产价值的影响——以北京市八通线为例》，《经济地理》第 3 期。

侯守礼、王威、顾海英，2004，《消费者对转基因食品的意愿支付：来自上海的经验证据》，《农业技术经济》第 4 期。

江冲、金建君、李论，2011，《基于 CVM 的耕地资源保护非市场价值研究——以浙江省温岭市为例》，《资源科学》第

10 期。

姜鲁光、于秀波，2006，《河流管理新方法》，李利锋等译，科学出版社。

金建君、江冲，2011，《选择试验模型法在耕地资源保护中的应用——以浙江省温岭市为例》，《自然资源学报》第 10 期。

黎东升、熊航、唐荣胜，2010，《基于层次分析法的农产品虚拟水贸易实施条件评价》，《农业技术经济》第 9 期。

李泓辉，2008，《渭河流域陕西段农业非点源污染分析及绿色农业发展研究》，西北农林科技大学硕士学位论文。

李洪香，2010，《虚拟水与我国粮食贸易结构优化研究》江南大学博士学位论文。

李京梅、陈琦、姚海燕，2015，《基于选择实验法的胶州湾湿地围垦生态效益损失评估》，《资源科学》第 1 期。

梁爽、姜楠、谷树忠，2005，《城市水源地农户环境保护支付意愿及其影响因素分析》，《中国农村经济》第 2 期。

刘冠飞，2009，《基于投入产出模型的天津市虚拟水贸易分析》，天津大学博士学位论文。

刘红梅、王克强、刘静，2008，《虚拟水贸易及其影响因素研究》，《经济经纬》第 2 期。

刘军弟、王凯、韩纪琴，2009，《消费者对食品安全的支付意愿及其影响因素研究》，《江海学刊》第 3 期。

刘幸菡、吴国蔚，2005，《虚拟水贸易在我国农产品贸易中的实证研究》，《国际贸易问题》第 9 期。

柳文华、赵景柱、邓红兵、丘君、柯兵、张巧显，2005，《水—粮食贸易：虚拟水研究进展》，《中国人口·资源与环境》第 3 期。

罗丞，2010，《消费者对安全食品支付意愿的影响因素分析——基于计划行为理论框架》，《中国农村观察》第6期。

马博虎，2010，《我国粮食贸易中农业资源要素流研究》，西北农林科技大学博士学位论文。

马超、许长新、田贵良，2011，《中国农产品国际贸易中的虚拟水流动分析》，《资源科学》第4期。

马超、许长新、田贵良，2012，《农产品贸易中虚拟水流的驱动因素研究》，《中国人口·资源与环境》第1期。

潘文俊、曹文志、王飞飞、陈劲松、曹娣，2012，《基于水足迹理论的九龙江流域水资源评价》，《资源科学》第10期。

曲福田，2011，《资源与环境经济学》，中国农业出版社。

尚海洋、张志强，2011，《石羊河流域武威市水资源社会化循环评估》，《干旱区资源与环境》第7期。

史恒通、赵敏娟，2015，《生态系统服务支付意愿及其影响因素分析——以陕西省渭河流域为例》，《软科学》第6期。

史恒通、赵敏娟，2015，《基于选择试验模型的生态系统服务支付意愿差异及全价值评估——以渭河流域为例》，《资源科学》第2期。

史恒通、赵敏娟，2016，《生态系统服务功能偏好异质性研究——基于渭河流域水资源支付意愿的分析》，《干旱区资源与环境》第8期。

史利洁、吴普特、王玉宝、孙世坤、刘静，2015，《基于作物生产水足迹的陕西省水资源压力评价》，《中国生态农业学报》第5期。

孙才志、韩雪、秦晓楠，2014，《中国区际间主要农产品虚拟水流动格局稳定性》，《地理研究》第3期。

孙才志、刘玉玉、陈丽新、张蕾，2010，《中国粮食贸易中的虚拟水流动格局与成因分析——兼论"虚拟水战略"在我国的适用性》,《中国软科学》第 7 期。

孙世坤、王玉宝、刘静、吴普特,2016,《中国主要粮食作物的生产水足迹量化及评价》,《水利学报》第 9 期。

孙艳芝、鲁春霞、谢高地、李娜,2015,《北京市水足迹》,《生态学杂志》第 2 期。

谭圣林、邱国玉、熊育久,2014,《投入产出法在虚拟水消费与贸易研究中的新应用》,《自然资源学报》第 2 期。

谭永忠、陈佳、王庆日等,2012,《基于选择试验模型的基本农田非市场价值评估——以浙江省德清县为例》,《自然资源学报》第 11 期。

田贵良,2008,《虚拟水战略的经济学解释——比较优势理论的一个分析框架》,《经济学家》第 5 期。

田园宏、诸大建、王欢明、臧漫丹,2013,《中国主要粮食作物的水足迹值:1978—2010》,《中国人口·资源与环境》第 6 期。

王尔大、李莉、韦健华,2015,《基于选择实验法的国家森林公园资源和管理属性经济价值评价》,《资源科学》第 1 期。

王雁林、王文科、杨泽元,2004,《陕西省渭河流域生态环境需水量探讨》,《自然资源学报》第 1 期。

吴普特、王玉宝、赵西宁,2010,《2010 中国粮食生产水足迹与区域虚拟水流动报告》,中国农业出版社。

吴普特、王玉宝、赵西宁,2011,《2011 中国粮食生产水足迹与区域虚拟水流动报告》,中国农业出版社。

吴普特、王玉宝、赵西宁,2012,《2012 中国粮食生产水足迹与区域虚拟水流动报告》,中国农业出版社。

吴普特、王玉宝、赵西宁,2013,《2013 中国粮食生产水足迹与区域虚拟水流动报告》,中国农业出版社。

吴普特、王玉宝、赵西宁,2014,《2014 中国粮食生产水足迹与区域虚拟水流动报告》，中国农业出版社。

　　夏军、邱冰、潘兴瑶、翁建武、傅国斌、欧阳如林，2012，《气候变化影响下水资源脆弱性评估方法及其应用》，《地球科学进展》第 4 期。

　　肖建红、于庆东、陈东景、王敏，2011，《舟山普陀旅游金三角游憩价值评估》，《长江流域资源与环境》第 11 期。

　　谢贤政、马中，2006，《应用旅行费用法评估黄山风景区游憩价值》，《资源科学》第 3 期。

　　徐中民、龙爱华、张志强，2003，《虚拟水的理论方法及在甘肃省的应用》，《地理学报》第 6 期。

　　薛达元，2000，《长白山自然保护区生物多样性非使用价值评估》，《中国环境科学》第 2 期。

　　杨贵羽、王浩，2015，《渭河流域粮食生产与灌溉农业发展的相互作用关系分析》，《中国水利》第 5 期。

　　姚治君、高迎春、苏人琼、管彦平，2004，《缺水地区农业灌溉用水替代与农业发展——以京津唐地区为例》，《资源科学》第 2 期。

　　曾寅初、刘媛媛、于晓华，2008，《分层模型在食品安全支付意愿研究中的应用——以北京市消费者对月饼添加剂支付意愿的调查为例》，《农业技术经济》第 1 期。

　　翟国梁、张世秋，2007，《选择实验的理论和应用——以中国退耕还林为例》，《北京大学学报》（自然科学版）第 2 期。

　　张志强、徐中民、龙爱华等，2004，《黑河流域张掖市生态系统服务恢复价值评估研究——连续型和离散型条件价值评估方法的比较》，《自然资源学报》第 2 期。

　　赵金成、谢晨、梁丹等，2010，《环境非市场价值评估选择模型的应用——基于上海、成都焦点人群访谈》，《林业经济》第

6 期。

赵明正，2015，《玉米国际市场可依赖程度研究——基于四种粮食作物的对比分析》，《国际贸易问题》第 9 期。

赵旭、杨志峰、陈彬，2009，《基于投入产出分析技术的中国虚拟水贸易及消费研究》，《自然资源学报》第 2 期。

郑海霞、张陆彪、涂勤，2010，《金华江流域生态服务补偿支付意愿及其影响因素分析》，《资源科学》第 4 期。

郑和祥、李和平、杨燕山、白巴特尔、佟长福，2016，《基于产业结构优化的鄂尔多斯市虚拟水贸易研究》，《干旱区资源与环境》第 3 期。

Allan J. A. , 1993, *Fortunately There Are Substitute for Water Otherwise Our Hydro-political Futures Would Be Impossible*, *Priorities for Water Resources Allocation and Management*, London: ODA.

Allan J. A. , 2003, "Virtual Water—The Water, Food, and Trade Nexus: Useful Concept or Misleading Metaphor?" *Water International*, 1: 106 – 113.

Alpizar F. , Carlsson F. , Martinsson P. , 2003, "Using Choice Experiments for Non-market Valuation," *Economic Issues*, 1: 83 – 110.

Barton B. , 2010, *Murky Waters? Corporate Reporting on Water Risk*, *A Benchmarking Study of 100 Companies*, *Ceres*, Boston: MA.

Birol E. , Karousakis K. , and Koundouri P. , 2006, "Using a Choice Experiment to Account for Preference Heterogeneity in Wetland Attributes: The Case of Cheimaditida Wetland in Greece," *Ecological Economics*, 1: 145 – 156.

Boxall, P. C. , Adomowicz, W. L. , 2002, "Understanding Heterogeneous Preference in Random Utility Models: A Latent Class

Approach," *Environmental and Resource Economics*, 4: 421 – 446.

Brouwer R. , Martin-Ortega J. , Berbel J. , 2010, "Spatial Preference Heterogeneity: A Choice Experiment," *Land Economics*, 3: 552 – 568.

Brown S. , Schreier H. , Lavkulich L. M. , 2009, "Incorporating Virtual Water into Water Management: A British Columbia Example," *Water Resources Management*, 13: 2681 – 2696.

Chambers N. , Child R. , Jenkin N. , Lewis K. , Vergoulas G. , Whiteley M. , 2005, *Stepping Forward: A Resource Flow and Ecological Footprint Analysis of the South West of England Resource Flow Report*, BestFoot Forward Ltd. , United Kingdom.

Chapagain A. K. , Hoekstra A. Y. , 2003, "Virtual Water Trade: A Quantification of Virtual Water Flows Between Nations in Relation to International Trade of Livestock and Livestock Products," In Proceedings of the International Expert Meeting on Virtual Water Trade.

Chee Y. E. , 2004, "An Ecological Perspective on the Valuation of Ecosystem Services," *Biological Conservation*, 4: 549 – 565.

Chen W. , Hong H. , Liu Y. , Zhang L. , Hou X. , & Raymond M. , 2004, "Recreation Demand and Economic Value: An Application of Travel Cost Method for Xiamen Island," *China Economic Review*, 4: 398 – 406.

Colombo S. , Hanley N. , and Louviere J. , 2009, "Modeling Preference Heterogeneity in Stated Choice Data: An Analysis for Public Goods Generated by Agriculture," *Agricultural Economics*, 3: 307 – 322.

Costanza R. , d'Arge R. , de Groot R. , Farber S. , Grasso M. ,

Hannon B. , Naeem S. , Limburg K. , Paruelo J. , O'Neill R. V. , Raskin R. , Sutton P. , van den Belt M. , 1997, "The Value of the World's Ecosystem Services and Nature," *Nature*, 387: 253 – 260.

Daily G. C. , 1997, *Nature's Service: Societal Dependence on Natural Ecosystems*, Washington D. C. : Island Press.

Davis R. K. , 1963, "Recreation Planning as an Economic Problem," *Natural Resources Journal*, 3: 239 – 249.

De Groot R. S. , van der Perk J. P. , Chiesura A. & Marguliew S. , 2000, "Ecological Functions and Socio-economic Values of Critical Natural Capital as a Measure for Ecological Integrity and Environmental Health," Implementing Ecological Integrity: Restoring Regional and Global Environmental and Human Health, NATO Science Series, IV, *Earth and Environmental Sciences*, 1: 191 – 214.

Douglas A. J. & Johnson R. L. , 2004, "The Travel Cost Method and the Economic Value of Leisure Time," *International Journal of Tourism Research*, 5: 365 – 374.

El-Sadek A. , 2010, "Virtual Water Trade as a Solution for Water Scarcity in Egypt," *Water Resources Management*, 11: 2437 – 2448.

Ercin A. E. , Mekonnen M. M. , Hoekstra A. Y. , 2013, "Sustainability of National Consumption from a Water Resources Perspective: The Case Study for France," *Ecological Economics*, 4: 133 – 147.

Freeman A. M. , 2003, *The Measurement of Environment and Resource Values: Theory and Methods*, Washington D. C. : Resources for the Future.

Gao Z. , House L. O. , Yu X. , 2010, "Using Choice Experiments to Estimate Consumer Valuation: The Role of Experimental

Design and Attribute Information Loads," *Agricultural Economics*, 6: 555 – 565.

Greene W. H. , 2003, *Econometric Analysis*, Pearson Education India.

Greene W. H. , Hensher D. A. , 2010, *Modeling Ordered Choices: A Primer*, Cambridge University Press.

Hanley N. , Wright R. E. , Begona A. F. , 2006, "Estimating the Economic Value of Improvements in River Ecology Using Choice Experiments: An Application to the Water Framework Directive," *Journal of Environmental Management*, 78: 183 – 193.

Hensher D. A. , Greene W. H. , 2003, "The Mixed Logit Model: The State of Practice," *Transportation*, 2: 133 – 176.

Hoekstra A. Y. , 2003, "Virtual Water Trade: An Introduction," Value of Water Research Report Seires (No. 12), IHE Delft: 12 – 23.

Hoekstra A. Y. , Chapagain A. K. , Aldaya M. M. et al. , 2011, "The Water Footprint Assessment Manual," *Social & Environmental Accountability Journal*, 181 – 182.

Hoekstra A. Y. , 2013, *The Footprint of Modern Consumer Society*, UK: Routledge.

Hoekstra A. Y. , 2011, "The Global Dimension of Water Governance: Why the River Basin Approach Is No Longer Sufficient and Why Cooperative Action at Global Level Is Needed," *Water*, 1: 21 – 46.

Jakobsson K. M. , Dragun A. K. , 1996, *Contingent Valuation and Endangered Species: Methodological Issues and Applications*, Edward Elgar Publishing.

Johnston R. J. , 2007, "Choice Experiments, Site Similarity

and Benefits Transfer," *Environmental and Resource Economics*, 3: 331 – 351.

Latinopoulos P. , Tziakas V. , & Mallios Z. , 2004, "Valuation of Irrigation Water by the Hedonic Price Method: A Case Study in Chalkidiki, Greece," *Water*, 4: 253 – 262.

Lee K. J. , Song M. G. , Lee K. J. , & Song M. G. , 2013, "The Social Value of Ham-pyung Butterfly Festival through the Travel Cost Method," *Journal of Environmental Impact Assessment*, 22 (4).

Lenzen M. , 2009, "Understanding Virtual Water Flows: A Multiregion Input-output Case Study of Victoria," *Water Resources Research*, 45 (9).

Levinson M. , Lee E. , Chung J. , Hutter M. , Danely C. , McKnight C. and Langlois, 2008, *Watching Water: A Guide to Evaluating Corporate Risks in a Thirsty World*, New York, NY.

Louviere J. J. , Hensher D. A. , 1983, "Using Discrete Choice Models with Experimental Design Data to Forecast Consumer Demand for A Unique Cultural Event," *Journal of Consumer Research*, 348 – 361.

MA (Millennium Ecosystem Assessment), 2005, *Ecosystems and Human Well-being: Synthesis*, Washington D. C. : Island Press.

McNeely J. A. , Miller K. R. , Reid W. V, Mittermeier R. , Werner T. B. , 1990, *Conserving the World's Biological Diversity, International Union for Conservation of Nature and Natural Resources, World Resources Institute, Conservation International, World Wildlife Fund US and the World Bank*, Gland, Switzerland and Washington, D. C.

Mekonnen M. M. and Hoekstra A. Y. , 2011, "National Water Footprint Accounts: The Green, Blue and Grey Water Footprint of Production and Consumption," Value of Water Research Report Series No. 50, UNESCO-IHE, Delft, the Netherlands.

Mekonnen M. M., Hoekstra A. Y., 2012, "A Global Assessment of the Water Footprint of Farm Animal Products," *Ecosystems*, 3: 401 – 415.

Mekonnen M. M., Hoekstra A. Y., 2009, "The External Water Footprint of the Netherlands: Geographically Explicit Quantification and Impact Assessment," *Ecological Economics*. 1: 82 – 92.

Mubako S. T., 2011, "Frameworks for Estimating Virtual Water Flows among U. S. States," Dissertations & Theses Gradworks, Southern Illinois University, 172 – 174.

Netusil N. R., & Summers M. T., 2009, "Valuing Instream Flows Using the Hedonic Price Method," *Water Resources Research*, 11: 355.

O'Neill J., 1993, *Ecology, Policy and Politics: Human Well-being and the Natural World*, London: Routledge.

OECD (Organization for Economic Co-operation and Development), 1995, *The Economic Appraisal of Environmental Projects and Policies: A Practical Guide*, OECD, Paris.

Ohlsson L., 1999, "Environment, Scarcity and Conflict: A Study of Malthusian Concerns," Department of Peace and Development Research, University of Goteborg.

Pearce D. W., Moran D., 1994, *The Economic Value of Biodiversity*, Cambridge.

Pearson L. J., Tisdell C., & Lisle A. T., 2002, "The Impact of Noosa National Park on Surrounding Property Values: An Application of the Hedonic Price Method," *Economic Analysis & Policy*, 2: 155 – 171.

Pegram G. , Orr S. and Williams C. , 2009, *Investigating Shared Risk in Water: Corporate Engagement with the Public Policy Process*, WWF, Godalming.

Poe G. L. , Giraud K. L. , Loomis J. B. , 2001, *Simple Computational Method for Measuring the Differences of Empirical Distributions: Application to Internal and External Scope Tests in Contingent Valuation*, Staff Paper 2001 – 2005, Department of Agricultural, Resource and Managerial Economics, Cornell University, Ithaca, NY.

Singh O. P. , Sharma A. , Singh R. , Shah T. , 2004, "Virtual Water Trade in Dairy Economy: Irrigation Water Productivity in Gujarat," *Economic and Political Weekly*, 3492 – 3497.

Swait J. , 2006, "Advanced Choice Models," In: Kanninen, B. J. (Ed.), *Valuing Environmental Amenities Using Stated Choice Studies*, Springer, The Netherlands, 229 – 294.

TEEB, 2009, *The Economics of Ecosystems and Biodiversity for National and International Policy Maker*, Summary: *Responding to the Value of Nature*, London: Pushpam Kumar Earthscan.

TEEB, 2010, *The Economics of Ecosystems and Biodiversity: For Local and Regional Policy Makers*, Edited by Dushpam Kumar Earthscan, London.

UK NEA (UK National Ecosystem Assessment), 2011, *The UK National Ecosystem Assessment Technical Report*, UNEP-WCMC, Cambridge.

UNEP (United Nations Environment Programme), 1993, *Guidelines for Country Study on Biological Diversity*, Oxford University Press.

Velázquez E. , 2007, "Water Trade in Andalusia Virtual Water: An Alternative Way to Manage Water Use," *Ecological Economics*, 1: 201 – 208.

Wichelns D. , 2001, "The Role of ' Virtual Water' in Efforts to Achieve Food Security and other National Goals, with an Example from Egypt," *Agricultural Water Management*, 2: 131 – 151.

Wichelns D. , 2004, "The Policy Relevance of Virtual Water Can Be Enhanced by Considering Comparative Advantages," *Agricultural Water Management*, 1: 49 – 63.

Wuppertal Institute for Climate, 2005, *Energy and Environment*, Annual Report, WI, German.

Yang W. , Chang J. , Xu B. , Peng C. Ge Y. , 2008, "Ecosystem Service Value Assessment for Constructed Wetlands: A Case Study in Hangzhou, China," *Ecological Economics*, 68: 116 – 125.

Zeitoun M. , Allan J. A. , & Mohieldeen Y. , 2010, "Virtual Water ' Flows' of the Nile Basin, 1998 – 2004: A First Approximation and Implications for Water Security," *Global Environmental Change*, 2: 229 – 242.

Zhang C. , Anadon L. D. , 2014, "A Multi-regional Input-output Analysis of Domestic Virtual Water Trade and Provincial Water Footprint in China," *Ecological Economics*, 100: 159 – 172.

Zhang F. , Wang X. H. , Nunes P. A. L. D. , & Ma C. , 2015, "The Recreational Value of Gold Coast Beaches, Australia: An Application of the Travel Cost Method," *Ecosystem Services*, 11: 106 – 114.

Zhao M. J. , Johnston R. J. , Schultz E. T. , 2013, "What to

Value and How? Ecological Indicator Choices in Stated Preference Valuation," *Environmental and Resource Economics*, 56: 3 – 25.

Zimmer D. , Renault D. , 2003, "Virtual Water in Food Production and Global Trade: Review of Methodological Issues and Preliminary Results," In Virtual Water Trade: Proceedings of the International Expert Meeting on Virtual Water Trade, Value of Water Research Report Series, 1: 1 – 19.

▶ 附　录

附录1　渭河流域水资源价值调查问卷

调查地：_____市（县）_____区（镇）_____街道

　　　　_____县（区）_____乡_____村_____队

邮政编码：_____

调查者：_____调查日期：2013 年 1 月____日

一　人类活动对渭河水环境影响

1.1　请您对下面事件的重要程度排序。

"1"表示最为重要；"2"表示次重要；……；"7"表示最为不重要（每个数字用一次）。

序号	事件	重要性排序（1—7）
1	居住地的生态环境	
2	水资源管理	
3	贫穷与饥饿	
4	基础设施（公路、服务设施等）	

序号	事件	重要性排序（1—7）
5	经济增长和就业	
6	教育	
7	医疗	

1.2　渭河流域治理中，您认为下面这些事情的重要程度如何？

序号	项目	根本不重要			很重要	
		1	2	3	4	5
1	水的质量（例如清洁度）					
2	水的流量					
3	流域内的景色（例如可供游玩）					
4	流域内的植被					
5	野生动物的栖息地					
6	水中的鱼类					
7	生态环境和食物链					
8	灌溉条件					
9	水力发电					
10	自家为此支付一定费用的必要性					

1.3　你认为下面这些事情，重要性的顺序是怎样的？

生态指标	含义	重要性（1—9）
供应水量、水质	向集水区、水库等处提供的水量大小、水的清洁度	
农业、工业用水	为农业、工业生产提供水资源	
水土流失治理	减少裸露的土壤被雨水冲走，降低地表层被侵蚀	

续表

生态指标	含义	重要性 （1—9）
植被恢复	地表森林、草地、灌木等植被数量	
栖息地	为野生动物提供适宜的生存空间	
育雏、迁徙地	为动物提供繁殖、育雏、迁徙的场所	
野生动植物种类	健康生存的野生动植物种类	
享受景色	吸引人的特色景观	
休闲娱乐	提供生态旅游、钓鱼、户外运动等游乐活动的场所	

1.4 信任度

信任度＿＿＿＿＿＿＿＿

（1）完全不信任　　（2）比较不信任　　（3）一般信任

（4）比较信任　　（5）完全信任

以下问题假设您的付费完全有效；

二 渭河流域水生态环境变化与选择

- 1（10 年后生态环境变化和选择）

SET ID 1

评估指标	现状	方案 1	方案 2
林地覆盖比率	30%	31%（+1%）	33%（+3%）
水质平均级别	4.5 级	4 级	4.5 级
渭河流域人均水量（占全国平均水平百分比）	15%	15%（+0%）	17%（+2%）
流域内水土流失治理面积（现状治理：10.36 万 km²）	80%	90%（+10%）	88%（+8%）

续表

评估指标	现状	方案 1	方案 2
水土流失强度	中度（=3）	偏轻（=2）	轻度（=1）
自然景观	20%	30%（+10%）	20%（+0%）
生态旅游、森林公园条件	25%	25%（+0%）	35%（+10%）
生态安全程度（目前，上游Ⅱ级，中游Ⅲ级，下游Ⅳ级）	3.5 级	3.5 级	3.5 级
您家愿意为此付费（每年）	0	100 元	100 元
请选择其中的一项：			

水质级别：

2 级水：较清洁，经常规净化处理可成为饮用水；

3 级水：适用于集中式生活饮用水、一般鱼类保护区及游泳区；

4 级水：工业用水、农业用水，不可饮用、游泳，无鱼类等；

5 级水：不可灌溉、不可饮用。

生态安全级别：

1 级：安全状态，生态环境未受到干扰破坏，基本没有生态问题，生态灾害少。

2 级：较安全状态，生态环境较少破坏，生态问题不严重，生态灾害不大。

3 级：预警状态，生态环境受到一定破坏，生态问题显现，生态灾害时有发生。

4 级：中度预警状态，生态环境受到较大破坏，退化较大，生态灾害较多。

- 2（10 年后生态环境变化和选择）

SET ID 2

评估指标	现状	方案 1	方案 2
林地覆盖比率	30%	33%（+3%）	31%（+1%）

续表

评估指标	现状	方案 1	方案 2
水质平均级别	4.5 级	4.5 级	4 级
渭河流域人均水量（占全国平均水平百分比）	15%	17%（＋2%）	20%（＋5%）
流域内水土流失治理面积（现状治理：10.36 万 km^2）	80%	88%（＋8%）	90%（＋10%）
水土流失强度	中度（＝3）	中度（＝3）	偏轻（＝2）
自然景观	20%	30%（＋10%）	35%（＋15%）
生态旅游、森林公园条件	25%	30%（＋5%）	25%（＋0%）
生态安全程度（目前，上游Ⅱ级，中游Ⅲ级，下游Ⅳ级）	3.5 级	3.5 级	3 级
您家愿意为此付费（每年）	0	100 元	200 元
请选择其中的一项：			

水质级别：

2 级水：较清洁，经常规净化处理可成为饮用水；

3 级水：适用于集中式生活饮用水、一般鱼类保护区及游泳区；

4 级水：工业用水、农业用水，不可饮用、游泳，无鱼类等；

5 级水：不可灌溉、不可饮用。

生态安全级别：

1 级：安全状态，生态环境未受到干扰破坏，基本没有生态问题，生态灾害少。

2 级：较安全状态，生态环境较少破坏，生态问题不严重，生态灾害不大。

3 级：预警状态，生态环境受到一定破坏，生态问题显现，生态灾害时有发生。

4 级：中度预警状态，生态环境受到较大破坏，退化较大，生态灾害较多。

- 3（10 年后生态环境变化和选择）

SET ID 3

评估指标	现状	方案 1	方案 2
林地覆盖比率	30%	33%（+3%）	30%（+0%）
水质平均级别	4.5 级	3.5 级	3 级
渭河流域人均水量（占全国平均水平百分比）	15%	17%（+2%）	20%（+5%）
流域内水土流失治理面积（现状治理：10.36 万 km²）	80%	88%（+8%）	90%（+10%）
水土流失强度	中度（=3）	轻度（=1）	中度（=3）
自然景观	20%	20%（+0%）	35%（+15%）
生态旅游、森林公园条件	25%	25%（+0%）	30%（+5%）
生态安全程度（目前，上游Ⅱ级，中游Ⅲ级，下游Ⅳ级）	3.5 级	3 级	2.5 级
您家愿意为此付费（每年）	0	200 元	400 元
请选择其中的一项：			

水质级别：

2 级水：较清洁，经常规净化处理可成为饮用水；

3 级水：适用于集中式生活饮用水、一般鱼类保护区及游泳区；

4 级水：工业用水、农业用水，不可饮用、游泳，无鱼类等；

5 级水：不可灌溉、不可饮用。

生态安全级别：

1 级：安全状态，生态环境未受到干扰破坏，基本没有生态问题，生态灾害少。

2 级：较安全状态，生态环境较少破坏，生态问题不严重，生态灾害不大。

3 级：预警状态，生态环境受到一定破坏，生态问题显现，生态灾害时有发生。

4级：中度预警状态，生态环境受
到较大破坏，退化较大，生态灾害
较多。

（每年最多愿意付出：_____元）

三　以下内容为匿名和保密

被调查者基本情况

3.1　性别：_____ 1＝男 ; 0＝女。

3.2　年龄：_____岁。

3.3　您的教育程度：_____。

1＝小学及以下　2＝初中　3＝高中/中专　4＝大专
5＝本科及以上　6＝其他培训类（说明）_____。

3.4　户主职业：_____。

1＝农民　2＝工人　3＝机关单位　4＝商人　5＝学生
6＝打工　7＝无　8＝其他_____

3.5　您家总人口：____人。打工____，上班____，务农
____，抚养/赡养_____ /____，经商____。

3.6　您在此处已经居住多少年了：____年。

3.7　您家是否有村干部或公务员____。1＝是；0＝否。

3.8　全家毛收入的主要来源（2012年）：

工资：　　　元	种植业收入：　　　元
做生意：　　元	打　工：　　　元
转移性收入（地补和养老补贴等）：　　　元　其他（例如转租收入）：	

3.9　2012年，您家农业生产类型与收入：

种植：小 麦：　　亩　　元；玉 米：　　亩　　元；
苗 木：　　亩　　元；苹果：　　亩　　元；
猕猴桃：　　亩　　元；其 他：　　亩　　元。
养殖：鸡，现有　　只，卖了　　元；牛，现有　　头，卖了　　元；
羊，现有　　只，卖了　　元；（其他）　现有　　只，卖了　　元。
其他类型：

3.10 农业生产成本（2012 年）有其他项可在后面补充：

项目	投入金额（元）	项目	投入金额（元）
种子/木苗 　　　;	;	幼崽 　　　;	;
化肥（有机、无机）;	;	饲料（购买，元）;	;
农药 　　　;	;	饲料（生产，亩）	;
灌溉 　　　;	;	疫苗 　　　;	;
农机（年；机；费）	;	雇人 　　　;	;
雇机器 　　　;	;	其他（土地承包等）	;

四　关于土地退化的调查问卷

土地退化：

雨水冲刷导致的土壤流失、肥力流失；

砍树和破坏草地导致土壤表层裸露，导致土壤被曝晒、风刮、雨淋；

化肥用得过多，农家肥太少导致的土壤板结等。

缓解土地退化的耕地保护行为：

修建梯田；多施有机肥；对农田水利设施进行完善；农田和农田周围种树种草；免耕少耕和定期深耕；测土配方施肥；秸秆还田技术；水土保持覆盖技术等。

以下问题请用 1—5 的数字来表示您同意的程度，程度依次增强。

数字	1	2	3	4	5
同意程度	0%—20%	20%—40%	40%—60%	60%—80%	80%—100%
含义	不同意	有点不同意	一般同意	同意	非常同意

大类	问题	1	2	3	4	5
知识认同感	土地退化会降低土壤肥力，造成土地质量下降	1	2	3	4	5
	土地退化会污染河流，使水质变差，堵塞河道	1	2	3	4	5
	土地退化会造成农作物减产，威胁粮食安全	1	2	3	4	5
效益认同感	耕地保护能够提高土壤肥力，从而提高产量	1	2	3	4	5
	耕地保护能够提高家庭的种地收入	1	2	3	4	5
	耕地保护能够保障国家粮食安全	1	2	3	4	5
	耕地保护能够保持土地持久耕种	1	2	3	4	5
	耕地保护能够保护环境，保障生态安全	1	2	3	4	5
判断	我认为农户有防止土地退化的责任和义务	1	2	3	4	5
	砍树和破坏植被是导致土地退化的主要原因	1	2	3	4	5
	盲目使用无机化肥和农药是造成土地退化的主要原因	1	2	3	4	5
	我们村很多农户的种地行为会引起土地退化	1	2	3	4	5
对现状的认识	我们村的土地存在土地退化	1	2	3	4	5
	我们村的耕地存在因土地退化造成的水土流失	1	2	3	4	5

大类	问题	1	2	3	4	5
对现状的认识	我们村土地退化造成了环境破坏（如风沙、泥泞）	1	2	3	4	5
	我家的耕地存在土地退化，造成了庄稼减产	1	2	3	4	5
有意识的行动	为了防止土地退化，我在耕地周边植树种草	1	2	3	4	5
	为了防止土地退化，我采用了耕地保护措施	1	2	3	4	5
	我非常关注我们家耕地质量的变化	1	2	3	4	5
障碍	耕地保护能够为子孙后代留下耕地，保障农业生产	1	2	3	4	5
	我知道找哪些人能够学到关于耕地保护的知识	1	2	3	4	5
	我现在的耕地以后不一定是自己的，没有必要保护	1	2	3	4	5
	我的耕地太少，没有必要进行保护	1	2	3	4	5
	我周围的村民没有对耕地进行保护，我受他们的影响	1	2	3	4	5
意愿	我愿意接受关于防止土地退化的免费宣传、免费培训	1	2	3	4	5
	我愿意为防止土地退化出资出力	1	2	3	4	5
	我赞成使用保护耕地质量的耕种技术	1	2	3	4	5
行为	我采取了很多保护耕地质量的措施	1	2	3	4	5
	我花了很多钱和精力防止土地退化	1	2	3	4	5
	我通过咨询他人，学习新知识来防止土地退化	1	2	3	4	5
	我经常劝说或鼓励邻里乡亲采取保护性耕作措施	1	2	3	4	5
其他	我掌握了防止土地退化的相关知识	1	2	3	4	5

续表

大类	问题	1	2	3	4	5
其他	我们村子的土地很容易进行土地流转	1	2	3	4	5
	保护土地质量能够获得政府的奖励等好处	1	2	3	4	5
	我对土地撂荒等破坏土地质量的行为感到难以容忍	1	2	3	4	5
	我认为仅种地，就能够保障我现有的生活条件	1	2	3	4	5
	我在施肥、打农药时，会考虑对耕地、环境造成的影响	1	2	3	4	5

五 耕地与灌溉情况

5.1 耕地共种植____亩。自有____亩，租入____亩，租出____亩，撂荒____亩，种植的耕地分为____块，每一块各为____亩、____亩、____亩、____亩、____亩、____亩。

项目	灌溉方式	灌溉水源	灌溉次数（次/年）	收费方式	灌溉水量（立方米/年）
非节水灌溉耕地					
林地					
节水灌溉耕地					

灌溉方式：传统灌溉：0 = 不灌溉；1 = 漫灌；2 = 畦灌；节水灌溉：3 = 棋盘格灌溉；4 = 渗灌（地下灌溉）；5 = 喷灌；6 = 滴灌；7 = 其他

灌溉水源：0 = 渠道（渭河水灌溉）；1 = 井水（地下水灌溉）

收费方式：1 = 流量收费；2 = 时间收费；3 = 面积收费；

4 = 用电度数收费；5 = 其他（注明）

5.2 灌溉水价折算为_____元/立方米。

5.3 若您采用了节水灌溉技术，您采用的是____号节水技术，您的灌溉技术成本为____元（棋盘格灌溉：打井、水泵、油、电、人工等，其他按情况）；

若您未采用节水灌溉技术，您是否愿意采用补助性节水灌溉技术？_____1 = 愿意；0 = 不愿意。

5.4 您家耕地取水处距离

耕地块	1	2	3	4	5	6
水源地						
距离						

水源地：0 = 河水；1 = 1 号井；2 = 2 号井；3 = 3 号井。

附录2 各省级行政区粮食生产水足迹和虚拟水流动量的计算方法

一 各省级行政区粮食生产水足迹的计算方法

各省级行政区粮食生产水足迹为：

$$WF_i^G = \frac{W_i^g + W_i^b}{G_i} \qquad (1)$$

式（1）中 WF_i^G 表示第 i 省级行政区的粮食生产水足迹，单位为 m^3/kg；W_i^g 和 W_i^b 分别表示第 i 省级行政区粮食生产过程中的绿水和蓝水消耗量，单位为 m^3。G_i 表示第 i 省级行政区粮食总产量，单位为 kg。W_i^g 为粮食作物生长期的有效降水量（当有效降水量大于同期作物需水量时，应将有效降水量换成作物需水量计算）与对应耕地面积的乘积，即可以表示为：

$$W_i^g = \frac{10^5 P_i^e S_i^G}{\lambda_i^G} \qquad (2)$$

式（2）中 λ_i^G 为第 i 省级行政区的粮食复种指数；S_i^G 为第 i 省级行政区粮食播种面积，单位为万 hm^2；P_i^e 为第 i 省级行政区有效降水量，单位为 mm。

采用位于全国各省级行政区的农业区共计 340 个气象站点逐旬降水量数据，以及 180 个农业观测台站观测的小麦、玉米、水稻和大豆的生育期多年平均数据值。将同一省级行政区、同一时段内各站点相同旬降水量的算术平均值作为该省级行政区该时段的逐旬降水量值。采用美国农业部土壤保持局推荐、当前得到公认和普遍推荐的方法计算各省级行政区粮食生长期的有效降水量，其计算公式为：

$$\text{当 } P < 83, \ P_e = \frac{P(4.17 - 0.02P)}{4.17} \qquad (3)$$

$$\text{当 } P \geqslant 83, \ P_e = 4.17 + 0.1P \qquad (4)$$

其中，P、P_e 表示旬降水量和旬有效降水量，单位为 mm。

W_i^b 为各省级行政区的粮食单位面积灌溉用水量 IR_i^G 和粮食灌溉面积 $S_{i,IR}^G$ 的乘积。即：

$$W_i^b = IR_i^G S_{i,IR}^G \qquad (5)$$

$$S_{i,IR}^G = \frac{S_{i,IR} S_i^G}{S_i} \qquad (6)$$

其中，$S_{i,IR}$ 为各省级行政区的灌溉面积（有效灌溉面积），单位为万 hm^2；S_i^G、S_i 分别为第 i 省级行政区粮食播种面积和作物总面积，单位为万 hm^2。IR_i^G 的计算式为：

$$IR_i^G = \frac{IR_i S_i}{S_i^G + \alpha_i S_i^E} \tag{7}$$

其中，IR_i 为第 i 省级行政区的平均单位面积灌溉用水量，单位为 mm；S_i^E 为其他作物（以经济作物为主，包括棉花、油料、麻类、糖料、烟叶和蔬菜，未计算入果园和茶园的面积）的播种面积，单位为万 hm^2；α_i 为该省级行政区的经济作物与粮食作物综合灌溉定额比。

$$\alpha_i = \frac{IR_i^{E,0}}{IR_i^{G,0}} \tag{8}$$

其中，$IR_i^{G,0}$、$IR_i^{E,0}$ 分别为第 i 省级行政区粮食作物和经济作物的综合灌溉定额，由各类主要粮食作物和经济作物的灌溉定额按播种面积加权计算所得。

二　各省级行政区虚拟水流动量的计算方法

空间粮食供给和需求的不匹配是粮食虚拟水流动的原动力，各省级行政区粮食调运量的计算式为：

$$G_i' = G_i - P_i \frac{G_N}{P_N} \tag{9}$$

式（9）中，P_N 为全国人口，单位为万人；G_N 为粮食总产量，单位为万 t；G_i、G_i' 分别为第 i 省级行政区的粮食生产量和调运量，单位为万 t，当 $G_i' > 0$ 时表示输出，当 $G_i' = 0$ 时表示无调运；P_i 为第 i 省级行政区的人口数量，单位为万人。

粮食消费按公平原则向全国人民平均分配，人均粮食占有量高于全国平均值的省级行政区将输出以达到全国人均实际消费量一致；因为中国粮食自给率近 60 年来基本维持在 95% 以上，粮食的进出口对区域间虚拟水流动影响不大，所以不考虑中国粮食的进出口。

由于粮食调运的方向无法获得，这里假定粮食输入省区获得来自各输出省区粮食的机会均等，那么，某一省级行政区粮食虚拟水流动量的计算式为：

$$当\ G_i^{'} > 0 \quad VW_i = \frac{G_i^{'}WF_i^{G}}{10} \tag{10}$$

$$当\ G_i^{'} < 0 \quad VW_i = \frac{G_i^{'}WF_o^{G}}{10} \tag{11}$$

其中，VW_i 为第 i 省级行政区虚拟水流动量，单位为亿 m^3；WF_i^{G} 为第 i 省级行政区的粮食生产水足迹，单位为 kg/m^3；WF_o^{G} 表示作为输出的那部分粮食生产水足迹，由各粮食输出省区的粮食生产水足迹对相应省区的粮食输出量的加权所得。

图书在版编目（CIP）数据

渭河流域粮食作物虚拟水贸易：基于非市场价值的
视角／史恒通，赵敏娟著. -- 北京：社会科学文献出
版社，2017.11
（中国"三农"问题前沿丛书）
ISBN 978 - 7 - 5201 - 1653 - 4

Ⅰ. ①渭… Ⅱ. ①史… ②赵… Ⅲ. ①渭河 - 流域 -
水资源 - 资源经济学 - 研究 Ⅳ. ①F426.9

中国版本图书馆 CIP 数据核字（2017）第 260933 号

中国"三农"问题前沿丛书
渭河流域粮食作物虚拟水贸易
——基于非市场价值的视角

著　　者／史恒通　赵敏娟

出 版 人／谢寿光
项目统筹／任晓霞
责任编辑／任晓霞　陈　荣

出　　版／社会科学文献出版社·社会学编辑部（010）59367159
　　　　　　地址：北京市北三环中路甲 29 号院华龙大厦　邮编：100029
　　　　　　网址：www. ssap. com. cn
发　　行／市场营销中心（010）59367081　59367018
印　　装／三河市尚艺印装有限公司

规　　格／开本：787mm×1092mm　1/16
　　　　　　印张：11.25　字数：140 千字
版　　次／2017 年 11 月第 1 版　2017 年 11 月第 1 次印刷
书　　号／ISBN 978 - 7 - 5201 - 1653 - 4
定　　价／59.00 元